다음 세대를 생각하는
인문교양 시리즈

아우름 48

세계를
흥 넘치게 하라

세계를 놀라게 한 한국 문화의 힘

최준식 지음

샘터

한국인이 한국 문화를 알아야 할
이유에 대하여
한국인과 한국 문화에 대한 오해와 진실

"한국인은 어떤 언어를 쓰고 있나요? 중국어나 일본어와 다른 언어를 쓰나요?"

"당연히 한국인들은 중국어나 일본어와는 다른 한국어를 쓰고 있지요."

"아, 그래요? 몰랐네요. 그럼 한국어는 이웃 나라 언어와 어떻게 다른가요?"

"말의 순서가 조금 다르지요. 그런데 한국인들은 한글이라는 세계에서 가장 과학적이고 배우기 쉬운 문자를 갖고 있답니다."

"그래요? 그것은 잘 몰랐던 사실이군요. 그럼 한글은 어떤 점에서 과학적인 문자인가요?"

"글쎄요…… 한글은 소리 나는 대로 글자를 적을 수 있고……

또 자음과 모음이 분리되어 있고⋯⋯."

　위의 이야기는 한국인과 외국인 사이에 있을 법한 대화를 가상
으로 정리해 본 것이다. 맨 처음 질문은 한국이나 한국 문화에 대해
잘 모르는 외국인이 많이 하는 질문이다. 지금은 조금 나아졌지만
이전에는 '한국에도 고유의 언어가 있느냐'고 묻는 외국인이 많았
다. 이들은 한국이라고 하면 별 이미지가 떠오르지 않고 그저 일본
이나 중국에 붙어 있으니 문화도 비슷할 거라고 생각한 것이다.

　그다음 질문은 한국어가 이웃 나라 언어인 중국어나 일본어와
어떻게 다르냐에 대한 것인데, 한국인들은 이에 대해 매우 단편적
인 지식만을 갖고 있다. 왜 단편적이라고 하는 것일까? 한국어는
동사가 목적어 다음에 오는 반면 중국어나 영어는 그 반대라는 정
도만 알고 있기 때문이다. 어순이 다르다는 것이다. 그 이상은 아는
바가 없다. 대화는 그렇게 진행되다가 한국인들이 제일 자랑스럽게
생각한다는 한글로 흘러들어 간다. 한국의 언어라는 주제가 나오면
한글이 빠질 수 없기 때문이다.

　한국인들이 한글에 대해서 가장 많이 자랑하는 것은 한글이 세
계에서 가장 과학적인 문자라는 것이다. 한국인들 사이에는 이 같
은 말이 당연시되어 있어 더 이상의 의문을 갖지 않는다. 그러나 외
국인들은 한글이 가장 과학적인 문자라는 말을 처음 듣기 때문에

'한글이 어떤 면에서 과학적이냐'는 질문을 하게 된다. 이런 질문을 받았을 때 제대로 대답하는 한국인을 발견하는 일은 그리 쉽지 않다. 그럴 수밖에 없는 것이 이에 대한 자세한 정보를 접할 길이 없기 때문이다. 또 한국인 자신들도 이런 주제에 대해 더 알려고 하지 않는다. 한국 문화에 대해서는 한국인인 자신이 잘 알고 있다고 생각해 더 알려고 하지 않는 것이다. 그러다 외국인을 만나 이런 질문을 받으면 그제야 자신이 한국 문화를 잘 알고 있지 못하다는 사실을 깨닫게 된다.

한국인이 외국인을 접할 때 문화적으로 겪는 어려움은?

이전에 국가 간에 왕래가 많지 않을 때에는 한국인들이 자국 문화에 대해 소상히 알지 않아도 문제가 되지 않았다. 그러나 세계가 국제 무역 시대로 접어들고 사람들 사이에 교류가 만발하자 사정이 달라졌다. 한국인들은 국내외에서 수많은 외국인을 만나게 되었다. 한국인들이 만나는 외국인은 이에 그치지 않았다. 다문화 가정을 비롯해 한국에 거주하는 외국인도 이전과는 비교가 안 되게 많아졌기 때문이다. 그 결과 한국인들은 외국 문화를 접하는 기회가 부쩍 늘었고 한국 문화와 외국 문화를 비교하는 일이 잦아졌다. 그런 끝에 한국인들은 자국 문화의 정체성에 대해 많은 의문을 갖게 되었다.

같은 상황은 외국에 유학 간 한국 학생들에게서도 벌어졌다. 지금 전 세계 많은 국가에는 무수한 한국 학생들이 유학을 가거나 교환학생으로 가서 공부하고 있다. 그 가운데 미국에 간 한국 유학생들의 예는 한국인들이 지금 문화적으로 처한 상황이 어떠한지를 잘 보여주는 것 같다. 지금 미국에는 전 세계에서 수많은 인종이 유학을 와서 공부하고 있다. 그런 까닭에 한 교실 안에도 다인종이 섞여 있는 경우가 많다. 이런 수업에서 많이 하는 일 중의 하나는 유학생들이 자국의 역사와 문화를 소개하는 것이다. 이때 한국 학생들은 의외의 사실을 발견하게 된다. 그들은 자신이 모국의 문화나 역사에 대해 아는 바가 별로 없다는 걸 깨닫게 된 것이다. 게다가 이런 경우에 유학생들은 보통 자국의 전통 의상을 입고 오라는 권유를 받는데 한국 학생들 가운데 한복을 갖고 있는 사람은 거의 없다. 할 수 없이 엄마에게 국제전화를 걸어 한복을 보내달라고 하는데 한복이 도착한 다음에는 또 다른 문제에 부딪히게 된다. 난감하게도 옷 입는 방법을 모르기 때문이다.

   그뿐만이 아니다. 그들은 한국 역사나 문화를 소개하려 해도 무엇을 어떻게 해야 할지 가늠하지 못한다. 학교에서 한국사를 배우기는 했지만 연도 위주의 정치사만 배웠던 터라 그것은 외국인들에게 알려줄 만한 게 아니라는 것을 알게 된다. 한국에 대한 흥미로운 역사적 지식을 전달하고 싶지만 아는 게 없다. 한국 문화에 대한 것도 상황이 다를 게 없다. 예를 들어 앞에서 말한 것처럼 한글을 소개하고 싶은데 한국 학생들은 자신이 한글에 대해 아무것도 모르고 있다는 사실을 그제야 알게 된다. 학생들은 그런 상황을 깨닫고 황급히 한글에 대한 자료를 검색해 보지만 대부분의 설명이 고답적이고 일차원적이라 외국인들의 흥미를 자아낼 수 있는 것이 별로 없다. 그런 끝에 그들은 앞으로 한국에 돌아가면 한국 문화를 제대로 배워야겠다는 다짐을 하게 되는데, 그것이 실현되고 말고는 개인마다 다를 것이다.

그런데 이제는 꼭 외국에 나가야 다양한 외국인을 만나게 되는 것도 아니다. 한국인들은 2020년 초에 중국발 전염병이 만연하기 전까지 수많은 외국인의 러시를 직면해야 했다. 그들은 주로 한국어를 배우기 위해 한국에 왔고, 그 결과 각 대학의 한국어 교육원은 만원을 이루었다. 연세대나 이화여대 같은 큰 학교의 한국어 교육원에는 수천 명의 외국인이 입학해 한국어를 공부했다. 이들이 한국에 온 이유는 간단했다. 한국의 노래와 드라마가 중심이 된 한류 문화에 푹 빠져 있었기 때문이다. 그래서 한류의 종주국인 한국을 직접 체험하고 싶어 한국으로 몰려든 것이다. 그런데 이 한류 팬들은 그가 좋아하는 가수의 노래만이 아니라 자연스럽게 한국 문화에 대해서도 관심을 갖게 되었다. 한국 가수들의 노래에는 한국의 전통 문화적인 요소가 들어 있는 경우가 있기 때문에 외국 팬들이 그 같은 한국 문화에 관심을 갖게 되는 것이다.

그 예를 들어보면, 2020년에 방탄소년단BTS 슈가는 〈대취타〉라는 곡을 발표하는데 대취타는 한국의 정악 곡 가운데 군악을 지칭하는 것으로 행진곡이다. 이 곡을 들은 BTS의 팬클럽 아미를 비롯한 많은 외국인 팬은 대취타라는 음악에 대해서 궁금해할 것이다. 이 음악에 대한 정보를 얻기 위해 그들은 한국 전통 음악 가운데 정악을 조사할 것이다. 그런데 한국의 정악은 쉽게 접근할 수 있는 장르의 음악이 아니다. 이럴 때 그들은 한국 친구에게 정악에 대해 물어볼지도 모른다. 그런데 한국의 젊은 세대 가운데 정악에 대해 기본적인 이해라도 갖고 있는 사람이 얼마나 될까? 아마 거의 없을 것이다. 그러니 그들이 외국 친구들에게 한국의 전통 음악을 소개하는 일은 가능하지 않은 일이다.

또 다른 예를 들어보면, 요즈음(2020년대) 한국의 걸 그룹 가운데 전 세계적으로 가장 큰 인기를 누리고 있는 그룹은 말할 것도 없이 블랙핑크다. 이들은 2020년에 〈How You Like That〉이라는 히트곡을 부르면서 뮤직 비디오에서 부분적으로 한복을 입고 춤을 추었다. 전 세계의 팬들은 이것을 놓치지 않고 이 옷의 정체에 대해 궁금해했다. 이럴 때 과연 그들에게 한복의 정체에 대해 설명해 줄 수 있는 한국의 젊은이가 몇이나 될까? 그들은 한복이라는 옷을 가까이하지 않았을 터이니 그런 옷에 대해 설명하는 일은 언감생심焉敢

生心일 수밖에 없다.

이 같은 예는 계속해서 들 수 있지만 한 가지 예만 더 들어보자. 2000년대에 이르러 한식에 대한 관심이 전 세계적으로 부쩍 늘어가고 있다. 세계인들은 한식을 접하면서 '이처럼 훌륭한 음식이 왜 그동안 제대로 알려지지 않았을까' 하는 푸념을 할 정도로 한식에 탄복하고 있다. 그런데 한국 음식의 정체를 알기 쉽게 설명해 줄 수 있는 책이나 그런 사람은 찾기 힘들다. 물론 한국인들은 한식에 어떤 음식이 있고, 또 그것을 어떻게 만드는지에 대해서 대강은 알고 있다. 그러나 그것을 뭉뚱그려 한식에 무지한 사람들에게 알기 쉽게 설명할 수 있는 정보를 접할 길은 별로 없다. 그런 정보를 제대로 정리한 문헌이 거의 없기 때문이다.

앞에서 말한 대로 2000년대에 들어와 전 세계인들은 나날이 한국과 한국 문화에 대해 더 많은 관심을 갖게 되었다. 그런데 정작 주인공인 한국인들은, 특히 한국의 젊은이들은 이런 외국인들에게 한국 문화를 쉽게 설명해 줄 수 있는 준비가 되어 있지 않다. 한국인인 우리가 한국과 한국 문화의 주인공이 되려면 이 주제에 대해 더 많이, 그리고 정확하게 알아야 할 것이다. 이 책의 저술 목적이 바로 이것이다. 한국과 한국 문화에 대해 정확한 정보를 원하는 사람들에게 유용한 지식을 제공하는 것 말이다.

한국인이 한국 문화를 제대로 알면 좋은 이유에 대해

한국인이 자국의 문화를 알아야 하는 데에는 이견이 있을 수 없다. 이번에는 위에서 말한 것과는 다른 각도에서 이 사안에 접근해 보려고 한다.

사람은 대체로 두 수준에서 정체성을 지니고 삶을 살아간다. 우선 사람은 개인으로서 자신이 어떤 사람이라는 것을 파악하고 나름대로의 자아 정체성을 갖는다. 개인이 행복하려면 이 자아 정체성에 혼란이 있으면 안 된다. '내가 누군지'에 대해 헷갈리면 안 된다는 것이다. 예를 들어 '나는 누구의 남편이며, 누구의 엄마며, 대체로 어떤 성격을 갖고 있으며, 어떤 것에 능하며……' 등등의 자아관을 갖고 있어야 한다. 대부분의 사람은 이 같은 자아 정체성을 느슨하게나마 갖고 있기 때문에 일상생활을 하는 데 큰 어려움을 느끼지 않는다. 이 주제에 대해서 많은 설명을 할 수 있지만 우리의 주제와 직접적으로 연관되는 것은 아니라 여기서는 더 이상 살펴보지 않기로 한다.

우리의 주제와 관계되는 것은 개인적인 차원의 정체성이 아니라 사회적인 차원에서 형성되는 정체성이다. 다른 말로 하면 문화적 정체성이다. 우리는 한 나라의 시민으로 태어나고 그 안에서 성장하면서 그 사회가 제시하는 문화를 내면화시켜 자신의 문화적 정체성을 형성한다. 이것은 자연스럽게 진행되는 과정이라 당사자들은 자신이 어떤 문화적 정체성을 갖고 있는지 잘 알지 못한다. 또 자신의 문화적 정체성이 너무나 일상화되어 있어서 그다지 알 필요를 느끼지 못한다. 따라서 대부분의 사람은 자신의 문화적 정체성에 대해 의심하지 않고 그 사회가 제시하는 데에 맞추어 관습적으로 산다.

그러나 만일 한 개인이 이 같은 문화적 정체성을 제대로 정립하고 있지 않으면 문제가 발생할 수 있다. 그런 사람은 심대한 스트레스를 느끼게 되고 그 결과 개인적으로 불행한 처지에 놓일 수 있다. 문화적 정체성이 아무것도 아닌 것 같지만 이것이 확립되어 있지 않으면 개인이 매우 힘든 삶을 살 수 있다. 대표적인 예가 교포들의 경우다. 이해를 돕기 위해 재일 교포를 예로 들어보자. 이들 가운데에는 자신의 문화적 정체성에 대해 의문을 갖게 되어 혼란에 빠지는 사람들이 있다. 이것은 이런 사람들이 자신이 일본인인지 한국인인지 구분하지 못하기 때문에 생기는 현상이다. 문화적으로 양 나라의 중간에 위치하게 되니 자신의 정체성을 올곧게 파악하지 못하는 것이다. 그런 까닭에 그들은 한국에 있든 일본에 있든 마음이 편하지 않고 스트레스를 받게 되는데, 때로는 이것이 우울증으로 발전해 개인의 행복에 심대한 손상을 가져오기도 한다. 그가 이 같은 질곡에서 빠져나오려면 자신만의 문화적 정체성을 정립해야 한다. 이 일은 사람마다 다르게 진행되기 때문에 일률적으로 말할 수 없다. 어떤 사람은 일본 문화에 가까운 정체성을 채택해서 이 문제를 풀 수 있고, 또 어떤 사람은 한국 문화에 경도된 문화적 정체성을 선택하면서 심리적인 짐을 덜 수 있을 것이다.

예를 들어 설명해 보면, 내 제자 가운데에는 일본인 아버지와 한국인 어머니 사이에 태어난 친구가 있다. 그런데 이 친구는 한국에서 만난 중국인과 결혼해 한국에서 살고 있다. 게다가 딸을 하나 두었는데 이 아이는 100% 한국인이다. 사람이 이런 상황에 처하게 되면 문화적으로 혼란을 겪을 수 있다. 자신이 일본인인지, 한국인인지, 중국인인지 헛갈릴 수 있기 때문이다. 그런데 이 일본 제자는 항상 자신을 일본인이라고 표현했다. 그가 만나는 사람은 한국인인 엄마 쪽 친척이나 한국인 친구밖에 없는데도 그는 자신이 일본인이라고 주장했다. 이것은 그가 자신의 문화적 정체성을 일본 문화로 잡은 것을 말한다. 그럼으로써 문화적 정체감에 일관성을 꾀한 것이다. 그는 모든 생활을 한국에서 한국적으로 하면서도 본인은 일본인이라고 규정해 자신의 문화적 정체감을 해결한 것이다.

이에 비해 한국에 살고 있는 한국인들은 교포들이 갖는 정체성 위기를 겪지 않는다. 그렇지 않은가? 한국인들이 '나는 한국인인가 아닌가' 혹은 '한국 문화는 무엇인가'와 같은 질문을 할 리가 없지 않은가? 다시 말해 자신의 문화적 정체성에 대해 의문을 갖지 않는다는 것이다. 상황이 이렇지만 그럼에도 불구하고 한국인은 자국의 문화를 아는 것이 좋다. 그것은 왜일까? 그 간단한 이유를 보면, 한국인이 한국 문화를 공부하면 일상적으로 갖고 있는 관습적인 이해를 넘어 한국 문화에 대해 보다 더 심층적이고 입체적으로 이해할 수 있다. 그렇게 되면 당사자는 사회를 보는 눈이 깊어져 높은 식견을 갖게 된다. 비유로 말하면 지상에 사는 동물의 시각이 아니라 날아다니는 새의 시각에서 볼 수 있다는 것이다. 이것은 일차원적인 시각이 아니라 다차원적인 시각에서 한국 문화를 바라보는 것을 의미한다. 혹은 나무만 보는 것이 아니라 숲을 볼 수 있게 된다는 식으로도 표현할 수 있다. 부분을 보는 것이 아니라 전체에 가까운 그림을 볼 수 있게 된다는 것이다. 이렇게 해서 한국 사회나 문화에 대해 폭넓은 이해를 갖게 되면 우리의 삶은 훨씬 더 행복해질 수 있다.

이것이 무슨 말인지 정확하게 이해하기 위해 예를 들어보자. 전 세계에서 한국 사람처럼 나이를 따지는 민족은 별로 없다. 한국 사람들은 새로운 사람을 만나면 서로 나이를 확인해서 상하로 나누고 상대방을 형이나 언니 같은 가족 호칭으로 부르는 경우가 적지 않다. 그런데 이런 사회적 관습은 권위주의를 파생시켜 사회 문화가 경직되는 것을 피할 수 없게 된다. 그렇게 되면 사회 구성원 사이에 바람직하지 못한 관계가 형성되어 긴장이나 스트레스를 낳게 된다. 따라서 한국 사회의 이러한 모습은 개선되어야 하는데 그 일을 하려면 우리는 이 같은 사회 문화가 생기게 된 배경에 대해 알아야 한다. 말할 것도 없이 이 사회 문화는 유교에서 말하는 장유유서長幼有序의 문화에서 온 것이다. 더 자세한 것은 여기서 다 설명하지 않겠지만 이 같은 문화를 개선할 방법을 찾아보려면, 유교가 중심이 된 종교 문화를 공부해야 한다. 이것은 우리가 지닌 문화적 정체성을 찾아보는 일이기도 하다.

그런데 이때 해야 하는 중요한 작업이 있다. 한국의 사회 문화를 다른 나라의 그것과 비교하는 일이다. 그래야 전 세계에서 한국 문화가 처해 있는 특수한 상황을 알 수 있다. 이 작업을 통해 우리는 한국 문화를 심층적이고 입체적으로 바라볼 수 있게 된다. 새처럼 높은 곳에서 숲 전체를 보는 것이다. 이렇게 해서 우리가 속한 사회의 문화적 정체성을 제대로 이해하게 된다면 본인의 사회적 정체성에 대해서도 확실한 견해를 가질 수 있고, 더 나아가 한국 사회를 좀 더 좋은 방향으로 이끌 수 있을 것이다.

국제화 시대에 한국 문화를 반드시 알아야 하는 이유는?

한국인이 한국 문화를 공부해야 하는 이유는 더 있다. 한국 문화를 공부하는 일은 다른 나라의 문화를 이해하는 데 필수적인 사항이 될 수 있기 때문이다. 지금 지구촌은 한 마을처럼 되어 외국 문화를 접하지 않고서는 살 수 없는 지경이 되었다. 비록 코로나19

사태 이전의 일이 되었지만 한국인들이 해외여행을 가는 것은 손바닥 뒤집는 것보다 쉬운 일이었다. 또 유학을 가거나 사업상 해외로 가는 것도 일상화되었다. 따라서 한국인들이 다른 나라의 문화를 접하는 일은 매우 자연스러운 일이었다. 아니 굳이 해외로 나가지 않고 국내에만 있어도 한국인들은 외국인과 외국 문화를 숱하게 경험할 수 있다. 왜냐하면 국내에도 외국인들이 얼마든지 있기 때문이다. 학교나 산업 현장, 혹은 놀이 현장에서 외국인들을 쉽게 만날 수 있기 때문에 한국인들은 외국 문화를 언제나 접할 수 있다.

이럴 때 문제 되는 것은 이 외국 문화(그리고 외국인)를 어떻게 이해해야 하느냐는 것이다. 우리 인간은 처음으로 이질적인 문화를 접했을 때 그것을 이해하는 일이 쉽지 않다. 그런데 모든 문화는 비교를 통해서만 그 특성을 알 수 있다. 이 비교를 원활하게 하려면 기준이 되는 문화가 필요하다. 우리는 그 기준 문화를 가지고 다른 문화를 가늠해서 특성을 이해하는 것이다. 기준 문화가 없으면 다른 문화를 이해하는 일은 쉽지 않다. 그런데 한국인들에게는 이 기준 문화가 한국 문화가 된다. 한국인들이 해외에 나가서 외국 문화를 접할 때 항상 염두에 두고 기준점 역할을 하는 것이 한국 문화라는 것이다. 한국인들이 해외에서 어떤 것을 보든지 그들은 한국의 것과 비교하면서 그 특성을 파악하게 된다. 한국 문화가 일종의 거울 같은 역할을 하는 것인데, 이 거울이 없으면 외국 문화가 잘 보이지 않는 법이다. 거울이 없으면 아무것도 비출 수 없기 때문이다. 따라서 어떤 사람이 한국 문화를 잘 알고 있다면 그는 외국 문화도 더 잘 이해할 수 있게 된다. 이런 사람들은 외국의 문물을 접했을 때 한국에서 그 비슷한 것을 연상해 양자를 비교하면서 그 문물을 이해하게 된다. 우리는 이런 과정을 거치면서 외국 문물이 갖고 있는 특성을 빨리 잡아낼 수 있다.

사정이 이러하기 때문에 한국 문화에 대해 잘 모르는 젊은 세대들은 외국에 가서 문물을 접하더라도 특성을 잘 찾아내지 못한다. 기준으로 삼을 거울이 없기 때문이다. 예를 들어 설명해 보자. 어떤 한국인이 중국 베이징에 가서 자금성을 방문했다고 하자. 이럴 때 궁의 문화에 대해 아무것도 모르는 사람은 자금성이 그저 크다고 생각할 뿐 자금성의 특성을 잡아내지 못한다. 그러나 경복궁을 비롯해 한국의 궁궐 문화에 대해 잘 알고 있는 사람이라면 그는 자금성을 보고 금세 그 특징을 알아낼 것이다. 그 과정은 간단하다. 경복궁이나 창덕궁과 비교하면 되기 때문이다. 예를 들어 궁의 위치라든가 자연과의 관계, 또 건물 배치 등에서 양자는 심대한 차이를 보이는데, 만일 경복궁에 대한 지식이 없는 한국인이 자금성을 본다면 그 특징을 대부분 놓치고 만다.

독자들의 이해를 돕기 위해 내가 직접 겪은 생생한 예를 들어봐야겠다. 나는 2000년대 초에 캄보디아의 수도인 프놈펜에 간 적이 있다. 그때 먼저 갔던 동료 교수가 말하길 프놈펜에는 볼 게 하나도 없다고 하며 손사래를 쳤다. 그러나 내가 프놈펜에 가서 보니 그의 말은 완전하게 잘못됐다는 것을 곧 알 수 있었다. 내 눈에 프놈펜은 보아야 할 것이 너무나 많았고 또 보는 것마다 흥미롭기 짝이 없는 도시였다. 특히 캄보디아의 불교 유물들은 내 관심을 끌었다. 이것은 내가 종교학을 전공하고 불교에 대해 적지 않은 공부를 했기 때문에 가능한 일이었다. 이처럼 나는 캄보디아의 불교문화를 비추어 볼 수 있는 거울이 있었기 때문에 그 문화의 다양함이 보였다. 반면에 내 동료는 기독교인이었고 동양 종교에 대해서 아는 바가 거의 없었기 때문에 캄보디아의 귀중한 불교 유적을 전혀 알아볼 수 없었다.

그런데 이렇게 외국 문물을 경험하고 본국에 돌아오면 또 다른 놀라운 일이 기다리고 있다. 한국 문화의 새로운 면이 보이기 시작하는 것이다. 내가 그 여행에서 체득한 외국 문물의 시각으로 보니 그동안 간과하고 있었던 요소들이 보이기 시작한다. 예를 들어 일본 교토에서 일본의 전통 정원을 실컷 보고 돌아오니 한국의 전통 조경이 새롭게 보였다. 일본식 정원은 매우 인위적인 기법으로 만들어졌다. 그것을 직접 체험하고 한국에 돌아와서 한국의 정원을 보니 그 투박함이나 자연스러운 모습이 선명하게 보였다. 한국 예술의 특징을 이전에는 책을 통해서만 알았는데 이런 경험을 해보니 몸으로 진하게 느낄 수 있었다.

이처럼 한국 문화를 공부하면 그 효과가 이중적으로 나타나는 것을 알 수 있다. 우선 한국 문화를 기준으로 삼아 외국 문화를 이해할 수 있게 되니, 이 과정을 통해 우리는 진정한 세계인으로 거듭날 수 있다. 그런가 하면 이 체험은 역으로 우리에게 한국 문화의 새로운 모습을 보는 일을 가능하게 해준다. 그래서 효과가 이중으로 나타난다고 한 것이다. 따라서 한국 문화를 이해하는 것은 내가 진정한 세계 시민으로 태어나게끔 해줄 뿐만 아니라 한국 문화를 더 깊이 이해할 수 있는 기회를 제공해 자신의 문화적 정체성을 심화시키는 데에 큰 도움을 준다.

우리는 이러한 생각들을 염두에 두고 지금부터 한국과 한국인에 대해 반드시 알아야 할 것을 간략하게 검토할 것이다. 먼저 볼 것은 한국의 겉모습이다. 한국은 물리적으로 볼 때 어떤 나라인가에 대한 것인데, 앞에서 잠깐 언급했지만 이 주제에 대해서도 한국인들은 많은 오해를 하고 있다. 우리는 한국에 대한 심화된 이해를 갖기에 앞서 이 같은 일차원적인 오류를 수정해야 한다. 이 작업이 끝나면 한국인은 어떤 사람인가에 대해 보게 될 것이다. 이에 대한 설명은 두 차원으로 진행될 예정인데, 한국인의 겉모습에 대한 것이 그 첫 번째 주제이다. 그리고 두 번째로는 한국인들은 어떤 가치관을 가졌는가, 즉 내면적인 모습에 대해 볼 것이다.

| 차 례 |

1장.

한국은
어떤 나라인가?

이제부터 한국에 대해 구체적으로 살펴보기로 하는데, 그 내용이 방대하기 때문에 이 작은 책에서 한국에 관한 모든 것을 다룰 수는 없다. 그보다는 중요한 사안을 선별해 보는 것이 나을 것이다. 이 장에서는 이 주제에 대해 두 가지 시각에서 접근하려고 한다. 우선 한국인들이 자국에 대해 잘못 알고 있는 것에 대해 보았으면 한다. 한국인들은 자국에 대해 심대한 오해를 하는 경우가 적지 않다. 이 같은 오해는 한국인들, 특히 청소년들에게 그릇된 국가관 혹은 문화관을 심어줄 수 있다. 그 결과 많은 한국인이 불필요한 열등감을 갖고 있는 것으로 보이는데, 이것은 정확한 정보만 제공하면 쉽게 극복될 수 있다. 따라서 이 장에서는 한국을 객관적으로 묘사해서 그 같은 불필요한 열등감을 불식시키는 작업을 해보려고 한다.

그다음 접근법은 현대 한국을 중심으로 보겠다는 것이다. 과거 역사만을 중심으로 서술하지 않겠다는 것이다. 우리가 현대 한국을 이해해야 하는 이유는 아주 간단하다. 현대는 우리가 지금 살고 있는 시대이기 때문이다. 그런데 이 현대 한국에 대해서도 한국인들은 많은 오해를 하고 있다. 한국은 최근 70여 년 동안 수많은 분야

세계를 홍 넘치게 하라

에서 전 세계에서 유례를 찾을 수 없을 정도로 엄청난 발전을 해왔다. 그런데 한국인들은 이에 대해서 잘못 알고 있거나 충분하지 않은 정보를 갖고 있다. 이러한 현실은 교정되어야 한다. 그러면 그 작업의 일환으로 한국인들이 오해하고 있는 한국의 겉모습부터 보기로 하자.

한국은
작은 나라다?

한국인들은 '우리나라는 작은 나라라서……'라는 말을 부지불식간에 하는 경우가 있다. 그러면서 한국은 국력이 약해 지난 역사 동안 강대국에 의해 많은 침탈을 받았다고 주장한다. 그런데 이것은 사실일까? 먼저 한국이 영토가 작은 나라인지부터 따져보자.

나라의 면적으로 보면 한반도 전체 면적은 약 22만 km^2에 달하는데 이것만으로는 한국이 작은 나라인지 큰 나라인지 알 수 없다. 그래서 영토의 크기라는 점에서 전 세계적으로 한국이 차지하는 순위를 살펴보아야 한다. 국토의 크기 면에서 볼 때 한국은 약 250개에 달하는 전 세계 국가 가운데 85위에 위치하고 있다. 이것만 보아

| 세계 속의 한국

도 한국은 결코 작은 나라가 아니라는 것을 알 수 있다. 85위면 그 위치가 중간보다 훨씬 위에 있기 때문이다. 크기로 보면 한반도는 영국이나 뉴질랜드, 루마니아와 면적이 비슷하다. 그런데 영국이나 뉴질랜드 같은 나라를 두고 작은 나라라고 말하는 사람은 없다. 따라서 한국을 작은 나라라고 생각하는 것은 그릇된 생각이 아닐 수 없다. 어떤 서양 학자는 만일 한반도 영토를 살짝 들어 유럽으로 가져가서 다른 나라들과 비교해 본다면 한국이 결코 작은 나라가 아니라는 것을 금세 알 수 있을 것이라고 주장했다.

그러면 남한은 사정이 어떨까? 남한 면적은 약 10만 km^2로 북한보다 조금 작다. 순위로 따지면 남한의 면적은 전 세계 국가 가운데 107위에 처한다. 남한을 생각하면 매우 작은 나라일 것 같은데 실제로 순위를 따져보면 결코 그렇지 않다는 것을 알 수 있다. 이 순위도 전 세계 국가 가운데 중간 이상에 속하기 때문이다. 남한과 비슷한 면적을 가진 나라로는 쿠바나 아이슬란드, 포르투갈이 꼽히는데 사람들은 이들 나라가 영토가 작은 나라라고 말하지 않는다. 따라서 한국은 한반도 전체로 보나, 남한 하나로 보나 결코 작은 나라가 아니다.

객관적인 사정이 이런데 한국인들은 왜 자국을 자꾸 작은 나라로 생각하는 것일까? 이것은 한국이 지리적으로 거대한 국가인 중국에 붙어 있어 항상 중국과 비교되었기 때문일 것이다. 현재의 시점에서 볼 때 중국의 영토는 한국의 그것보다 96배나 크니 한국인들이 자국을 소국이라고 여겼던 것은 충분히 이해할 수 있다. 이 같은 넓이의 차이 때문에 한국인들은 스스로를 소국의 백성들이라고 여기며 심리적인 위축감을 가졌을 것이고, 그로 인해 자신의 나라가 물리적으로도 작은 나라라고 생각했던 것 같다.

한국인들은 자국을 힘이 없는 작은 나라라고 여기기 때문에 지난 역사 동안 강대국에 의해 많은 침탈을 받았다고 주장한다. 그런데 객관적으로 살펴보면 이것은 사실이 아니다. 물론 최근에 6·25 전쟁 같은 참담한 전쟁이 있었지만, 그 이전 왕조인 조선은 상대적으로 평화로운 시기가 더 많았다. 조선은 특히 세종조에 국경이 정해진 뒤 국경선이 20세기 초까지 아무 변화 없이 유지되었다. 이것은 조선에 대한 외침이 적어 조선조의 대부분이 평화로운 시기로 채워졌다는 것을 의미한다. 물론 임진란과 병자란이 있었지만 그런 전쟁은 다른 나라도 다 겪는 것이다. 조선은 임진란 때 제대로 대처하지 못했다는 비난을 받는데, 그것은 조선이 수백 년간의 평화기를 지내느라 군사 훈련을 제대로 하지 않은 탓이라는 견해도 있다. 만일 조선이 실제로 많은 침탈을 받았다면 국경선이 자꾸 바뀌었을 텐데 실상은 그렇지 않으니 한반도에 대한 외세의 침입은 상대적으로 적었다고 보아야 할 것이다.

한국인은
소수 민족?

한국인들은 자국의 면적이 작다고 생각하다 보니 그 자연스러운 결과로 자신들을 마치 소수 민족처럼 여기는 것 같다. 한국의 인구가 별로 많지 않다고 생각한다는 것이다. 그런데 정확한 수치를 따져 보면 한국인의 수가 결코 적지 않은 것을 알 수 있다. 따라서 한국인을 소수 민족으로 생각하는 것은 가당치도 않은 일이다.

한반도에 살았던 사람의 수를 시대적으로 살펴보자. 우선 조선 초에는 인구수가 약 600만 명에 달했다고 한다. 그러다 18세기에는 약 1,800만 명이 살았을 것으로 추정한다. 한국의 인구수를 정확하게 조사한 것은 1925년의 일로 당시 인구는 약 2,000만 명이

세계를 홍 넘치게 하라

었다고 한다. 그 뒤 인구는 꾸준히 늘었고 2021년 현재 남한의 인구는 약 5,182만 명에 이르렀다. 여기서 중요한 것은 인구수가 아니라 그 순위다. 이 정도의 인구수면 전 세계 국가 가운데 몇 등이나 되느냐는 것이다. 우선 남한 인구만 가지고 따져보면, 한국의 인구는 세계 28위에 달한다. 앞에서 말한 것처럼 국가 수를 250여 개로 친다면 남한은 인구 면에서 상위 11%에 해당되는 것을 알 수 있다. 그런데 여기에 북한 인구까지 합하면 이 순위는 더 올라갈 수 있다. 북한 인구수는 조사가 제대로 되어 있지 않아 확실히 모르지만 약 2,500만 명 정도로 잡으면 무난할 것 같다. 그럴 경우 한반도에 사는 전체 인구는 7,682만여 명이 되는데, 그렇게 되면 그 순위는 세계 28위에서 20위로 상승한다.

한국의 인구 조사는 아직 끝나지 않았다. 국적은 다를지 몰라도 전 세계에 포진해 있는 한국계 인구가 있기 때문이다. 이 사람들은 통칭해서 재외 동포라 할 수 있는데, 한국은 이 재외 동포의 수가 의외로 많다. 한국보다 재외 동포가 많은 나라로는 단 세 나라, 즉 중국과 이스라엘, 이탈리아밖에 없다. 해외 동포의 숫자로만 따져도 한국은 세계 4위인 것이다. 재외 동포가 가장 많은 나라는 말할 것도 없이 중국이지만, 인구 비율로 따지면 한국이 중국을 능가할 것이다. 현재 한국의 재외 동포는 약 749만 명에 이르는데 이 정도면 한국의 전 인구의 14%에 달하는 것이니 그 규모가 엄청난 것을 알 수 있다. 이 인구까지 합하면 한국인과 한국 관련 인사들의 수는 8,000만 명을 훌쩍 넘게 된다. 이 인구수로 보면 그 순위도 소폭 상승할 것이다. 그러나 남북한 인구만 놓고 보아도 세계 20위에 달하니 이런 민족을 소수 민족이라고 생각하는 것은 오산이라고 하지 않을 수 없다.

이것은 세계 언어의 순위를 보아도 같은 결론에 도달한다. 조사 기관마다 조금씩 달라서 정확하게 말할 수는 없지만 현재 전 세계에서 한국어를 쓰는 사람의 수를 따지면 그 순위가 13~15위에 해당한다고 한다. 소수 민족의 언어까지 포함해 현재 인류가 쓰는 언어는 대략 7,000개에 달한다고 하는데, 이 가운데 한국어가 15위의 언저리에 있다면 그것은 대단한 것이다. 세계적인 언어 정보 제공 사이트인 에스놀로그Ethnologue(http://www.ethnologue.com)가 발행한《에스놀로그》(22판, 2019)에 따르면 전 세계에서 사용 중인 7,000여 개의 언어 중에서 5,000만 명 이상이 모국어로 사용하는 언어는 25개밖에 없다고 한다. 이것은 생각보다 매우 적은 숫자이다. 그런데 그중에 한국어의 사용자 수는 약 7,700만 명으로, 사용자 수로는 세계 15위라고 한다. 이 같은 통계 지수는 조사 기관마다 조금씩 다르게 나오지만 서로 크게 다르지는 않다. 그렇게 본다면 어떻든 한국어는 결코 소수 민족이 쓰는 언어가 아니라는 것만은 확실하다.

이 같은 통계 자료를 보면 한국인은 결코 소수 민족이라고 할수 없다. 단순하게 인구수로 보든지, 혹은 한국어 사용자 수로 보든지 한국인은 소수 민족이 아니다. 이런 이야기를 새삼스럽게 하는 이유는 한국인들이 자신의 나라를 대하는 태도에 문제가 있기 때문이다. 한국인들은 여전히 자신의 나라를 변방에 속해 있는 작은 나라처럼 생각하는 경향이 있다.

앞으로도 누누이 말하겠지만 오늘날의 한국은 변방에 있는 작은 국가가 아니라 외려 세계의 주류에 속해 있는 나라다. 한국이 단지 인구수가 많고 한국어를 쓰는 사람들이 많아 이런 이야기를 하는 것이 아니다. 뒤에서 보겠지만 한국은 경제력이나 군사력의 분야에서도 세계의 선두를 달리고 있다. 그뿐만이 아니다. 현재 한류 문화는 전 세계에 군림하고 있다. 이에 대해서는 너무나 잘 알려져 있어 설명 자체가 필요 없을 것이다. 이처럼 물리적인 파워와 문화적인 파워의 면에서 세계 수위에 있는 나라는 전 세계에서 손가락으로 꼽을 지경이다. 그 가운데 우뚝 선 것이 한국이다. 따라서 앞으로 한국이 작은 나라라든가, 한국인은 소수 민족이라는 생각은 아예 접어야 한다. 그리고 한국은 세계를 리드하는 주류 국가라는 것을 상기해야 한다.

한국은 여전히
개발도상국가?

이번에는 한국의 경제력에 대해 살펴본다. 한 국가를 평가할 때 경제력은 가장 중요한 요소라고 해도 틀리지 않을 것이다. 국력이 강한 선진국 가운데 경제력이 약한 나라는 없기 때문이다. 보통 정치력이나 군사력이 강한 나라들을 선진국이라고 하는데, 이런 조건이 갖추어지려면 반드시 경제력이 받쳐주어야 한다. 쉽게 말해 돈이 있어야 그 나라 대통령의 '말빨'이 설 뿐만 아니라 강한 군대를 유지할 수 있다는 것이다.

한국인과 관계해서 통상적으로 떠돌아다니는 이야기 중에 이런 것이 있다. 보통 '한국인이 잘 모르고 있는 것 3가지'와 같은 제목으로 불리는 이 이야기는 조금씩 다른 버전이 있는데, 내가 알고 있는 것은 다음과 같다. 이 이야기에서 말하는 세 가지는 '한국인은 한국의 안보가 얼마나 위험한 상태인지 모른다'는 것과 '한국인은 한국 사회가 얼마나 안전한 곳인지 모른다'는 것, 그리고 '한국인은 한국이 얼마나 잘사는 나라인지 모른다'는 것이다. 이 가운데 앞의 두 가지는 이 글의 주제와 직접적으로 연관된 것이 아니니 건너뛰기로 하고 세 번째 것에 대해서만 보자.

세 번째 이야기를 좀 더 단순하게 말하면, 한국은 이미 선진국에 들어와 있는데 정작 한국인 본인들은 그것을 모르고 있다고 할 수 있다. 내가 보기에 적지 않은 한국인들이 아직도 자국이 개발도상국가인 줄로 알고 있는 것 같다. 그래서 세계적인 경제협력개발기구인 OECD는 진즉에 한국인들에게 '당신네 나라는 이미 선진국 대열에 합류했는데 왜 당신들은 그 사실을 인정하지 않느냐'고 힐문하기도 했다. 이 기관의 입을 빌리지 않더라도 한국은 명확하게 선진국이다. 좀 더 정확하게 말하면 한국은 하드웨어, 즉 제조업에서는 의심할 바 없는 선진국이다. 그러나 물건의 제조를 가능하게 하는 프로그램 등과 관계된 소프트웨어의 면에서는 아직 서구 선진국 수준에 도달하지 못했다. 원래 소프트웨어를 개발하는 것은 시간이 많이 드는 일이라 한국은 아직 그 수준까지는 이르지 못한 것이다.

순위	국가	GDP(백만 달러)
1	미국	21,427,700
2	중국	14,342,903
3	일본	5,081,770
4	독일	3,845,630
5	인도	2,875,142
6	영국	2,827,113
7	프랑스	2,715,518
8	이탈리아	2,001,244
9	브라질	1,839,758
10	캐나다	1,736,426
11	러시아	1,699,877
12	**대한민국**	**1,642,383**
13	스페인	1,394,116
14	오스트레일리아	1,392,681
15	멕시코	1,258,287
16	인도네시아	1,119,191
17	네덜란드	909,070
18	사우디아라비아	792,967
19	터키	754,412
20	스위스	703,082

2019년 국내총생산(GDP)
(출처: 세계은행)

그 점을 감안하고 한국의 경제력을 보기로 하는데, 한 국가의 경제력을 알기 위해서는 국내총생산GDP을 파악하는 일이 가장 쉬운 방법일 것이다. 한국은 2019년 현재 GDP가 세계 12위에 올라와 있다. 2018년에는 한국이 11위였고 러시아가 12위였는데 기름값이 조금 오르는 바람에 2019년에는 러시아와 순위가 바뀌었다. 그러나 그 차이가 큰 것은 아니어서 순위는 언제든지 또 바뀔 수 있다. 어찌 됐든 이것은 대단한 일 아닌가? 냉전 시대에 세계를 쥐락펴락했던 러시아가 경제력 면에서 한국과 그 순위를 앞서거니 뒤서거니 한다니 말이다. 과거에 이것은 상상조차 할 수 없는 일이었다. 영토의 크기나 인구수 등과 같은 물리적인 조건에서 러시아는 한국을 월등히 앞서는데 경제력은 비슷하니 기이

한 일이 아닐 수 없다.

그런가 하면 한국의 바로 앞에 있는 9위 국가인 브라질이나 10위 국가인 캐나다도 총량 면에서 한국과 그다지 차이가 나지 않는다. 그에 비해 스페인, 오스트레일리아, 네덜란드, 스위스 같은 서구의 전통 강국들은 순위가 모두 한국보다 뒤진다. 동북아시아의 작은(?) 나라인 한국이 서구의 쟁쟁한 국가들을 모두 제친 것이다. 1960년대나 1970년대에 이 서구 강국들은 한국에게 넘볼 수 없는, 혹은 결코 뛰어넘을 수 없는 선망의 나라였는데 한국이 적어도 경제력으로는 이 나라들을 추월한 것이다. 한국의 경제력은 대외 무역에서 나온다고 할 수 있는데 한국이 얼마나 무역을 많이 하고 있는가는 통계 자료에 의존하지 않고도 알 수 있는 방법이 있다. 물론 이것은 엄밀하게 계산된 것은 아니지만 한국 무역의 현재를 보여주는 매우 상징적인 묘사라 하겠다. 지금 바다에 떠다니고 있는 무역선 가운데 10대 중 한 대는 한국의 무역선이라는 것이 그것이다. 한국의 경제력을 말할 때 이 사실을 지적하는 것만으로도 충분하지 않을까 하는 생각이다.

그런데 한국의 기적은 여기서 그치지 않는다. 경제력을 포함한 전체 국력을 가지고 보자. 통일 이후의 한국에 관한 이야기다. 만일 한국이 평화 통일을 이룩한다면 한국은 그리 멀지 않은 미래에 미국, 중국, 일본, 독일에 이어 세계 5대 강국이 된다는 예측이 있다.

물론 남한 주도의 자유민주주의로 북한을 흡수하면서 통일해야 이 일이 가능한 것이다. 통일이 되면 즉시 한국의 인구 규모는 독일을 능가하고 군사력은 프랑스에 버금가게 된다고 한다. 또 몇 년이 지나면 경제 규모는 영국과 비슷해진다고 하니 한국이 얼마나 강대국이 되는지 알 수 있을 것이다.

이와 비슷한 주장은 21세기의 노스트라다무스라 불리는 미국의 조지 프리드먼George Friedman 교수의 책에서도 발견된다. 프리드먼은 세계정세나 경제에 대해 많은 예측을 내놓았는데 그가 행한 정세 분석의 적중률이 80%에 달해 미국의 언론에서는 그를 '그림자Shadow CIA'라고 부른다고 한다. 그의 저서 《100년 후The Next 100 Years》를 보면 우선 한국은 2030년까지 남한의 주도로 통일된다고 한다. 그런데 2030년까지 가지 않고 그보다 더 일찍 통일될 것이라는 게 그의 견해이다. 그는 아마 안전하게 예측하려고 기간을 길게 잡은 것 같다. 그렇게 통일된 후 한국은 10년 동안은 힘들 것이라고 한다. 이것은 충분히 예측 가능한 이야기다. 체제가 너무 다른 두 국가가 합쳐지는 것이니 얼마나 많은 시행착오가 있겠는가? 그러나 그 과정에서 북한의 땅과 자원, 값싼 노동력에 남한의 기술·자본·리더십이 합쳐지면서 엄청난 시너지가 발생하게 된다. 그 결과 한국은 앞에서 본 것처럼 대단히 강한 나라로 변신하게 된다는 것이다. 그런데 그에 따르면 이 과정에서 일본 역시 큰 발전을 이루

세계를 홍 넘치게 하라

어 국력은 한국을 능가한다고 한다. 그의 예측 가운데 재미있는 것은 이렇게 강국이 된 한국은 중국의 동북 삼성 지역을 경제적으로 한국에 편입시킨다는 것이다. 물론 정치적으로는 여전히 중국 땅이지만 경제적으로는 한국 관할 안으로 들어온다는 것이다.

통일 한국이 이처럼 엄청난 국가가 된다고 예측한 자료는 많이 있다. 그중에서 하나만 더 언급하고 지나가야겠다. 요즘은 많이 알려진 것이라 다시 언급하기가 주저되지만 그 내용이 하도 엄청나 한 번 더 보아야겠다는 생각이다. 골드만삭스라는 미국의 투자은행은 한국이 자유민주주의를 기반으로 평화 통일을 이룩한다면 2050년에는 전 세계에서 미국에 이어 두 번째로 잘사는 나라가 된다고 주장했다. 이것은 국가 총생산량을 비교한 것이 아니고 1인당 국민소득을 가지고 비교한 것이다.

이 회사의 평가는 이른바 '성장 환경 지수'를 토대로 만든 것이다. 이것은 물가상승률과 국내총생산 대비 재정적자 비율, 대외부채, 투자율, 경제의 개방도, 전화와 PC 보급률, 고등 교육, 예상 수명, 정치적 안정도, 부패 수준 등을 고려해 만들어진 것이다. 이런 제반 조건을 볼 때 한국이 앞으로 두 번째로 잘사는 나라가 된다는 것인데, 여기에는 한 가지 필수적인 전제 조건이 있다. 앞에서도 말했지만 한국에 전쟁이 없어야 하고 남한 주도로 통일해야 한다는 것이 그것이다.

이상이 간단하게 본 한국의 현재와 미래인데, 이런데도 한국이 여전히 개발도상국이라고 생각한다면 그것은 큰 착각이 아닐 수 없다. 한국인들은 하루빨리 그 같은 피해자적인 열등의식에서 벗어나야 한다. 대신 자신들을 세계를 인도하는 국가의 국민으로 자처하고 그 역할에 대해 좀 더 진지하게 생각해야 할 것이다.

한국은 후진국에서
선진국으로 도약했다?

앞의 내용을 읽은 사람이라면 이제 한국이 선진국이라는 사실을 받아들일 수 있을 것이다. 그런데 그런 그들도 여전히 한국은 후진국에서 선진국으로 변모했다고 생각하고 있을 것 같다. 이것은 틀린 생각은 아니지만 그렇다고 맞는다고도 할 수 없다. 이 주장은 한국 역사를 너무 제한적으로 보고 내린 것이기 때문이다.

한국인들은 최근 100여 년 동안 한국이 국제 질서에서 뒤떨어져 있던 모습을 보고 자국이 전 역사 동안 후진국이었다는 인상을 갖고 있는 듯하다. 이런 생각이 너무 강해 한국인들은 한국이 진즉에 선진국에 입성했는데도 불구하고 지나치게 겸손한 나머지 아직도 개발도상국이라고 믿는 것이리라. 그러나 한국이 과거에 후진국이었다가 선진국이 되었다는 것은 사실이 아니다. 이 생각과는 달리 한국은 전 역사 동안 거의 대부분 선진국으로 있었다. 그러다 19세기 초부터 난항을 거듭하기 시작했고 19세기 말에는 급변하는 국제 질서에 적응하지 못해 결국 역사상 처음으로 20세기 초에 나라의 주권을 빼앗기게 되었다. 그 결과 한국은 세계에서 손꼽히는 열등 국가가 되었는데 그것도 모자라 1950년에 일어난 미증유의 6·25 전쟁을 겪으면서 세계에서 가장 가난한 나라가 되고 말았다. 그러나 전쟁이 끝나자 한국인들은 각성했고 1960년대부터 일신하면서 자국을 과거에 선진국이었던 위치로 끌어올리기 위해 각고의 노력을 기울였다. 그 과정은 여전히 진행 중이다.

한국이 거의 전 역사 동안 세계적인 선진국이었다는 사실은 프레데릭 불레스텍스Frédéric Boulesteix라는 프랑스 교수가 쓴 《착한 미개인 동양의 현자》라는 책에서 발견할 수 있다. 굳이 서양인이 쓴 것을 인용할 필요는 없지만, 그들은 제3자의 입장이기 때문에 더 객관적일 것이라 생각하여 거론해 보려고 한다. 그에 따르면 한국은 서양인들에게는 미지의 땅이었지만, 삼국 시대부터 17세기까지 세계 13대 선진국 가운데 하나였다. 17세기라면 임진란이나 병자란 이전까지의 시기를 말하는데 사실 그 이후에도 한국(조선)에는 황금기가 있었다. 18세기의 정조 시대가 그것인데, 그런 한국이 내

리막길을 가기 시작한 것은 정확하게 1800년에 개혁 군주인 정조가 죽고 순조가 왕이 되면서부터였다. 이때부터 안동 김씨나 풍양 조씨 같은 몇 개의 가문이 조선의 정치를 쥐락펴락하면서 조선은 서서히 침몰해 갔다. 당시 정치가 퇴락하고 있었다 해도 만일 19세기 말과 20세기 초에 쇄도했던 제국주의 세력이 없었다면 조선은 명맥이 더 이어졌을지도 모른다. 당시 조선은 회생하려고 많은 노력을 기울였지만 제국주의 세력이 워낙 강해 어쩔 수 없이 나라를 빼앗기고 말았다.

그 뒤 한국은 혹독한 식민 지배를 받으며 제 역량을 키워내지 못했는데 그런 한국에 마지막 펀치를 가한 것이 한국 전쟁이었다. 한국은 일본의 식민지로 있으면서 직간접적으로 많은 약탈을 당해 나라가 심히 빈약한 상태에 있었다. 그런데 그 얼마 남지 않은 것을 '탈탈' 털어버린 게 6·25 전쟁이었다. 1945년에 해방된 후 특히 남한은 전기마저 북한에서 송전 받아 써야 할 정도로 기반 시설이 약했다. 그런데 그나마 남아 있던 것도 전쟁 통에 날아간 것이다. 한국인들은 6·25 전쟁을 한국에서 일어난 크지 않은 전쟁으로 생각하는 것 같은데 사실은 결코 그렇지 않다. 6·25 전쟁은 군인의 인명 피해로 치면 세계에서 7번째로 큰 전쟁이었다고 한다. 군인이 약 95만 명이나 죽었다고 하는데 민간인의 피해까지 포함하면 수백만의 인명이 살상된 큰 전쟁이었다.

| 6·25 전쟁으로 폐허가 된 한국

한반도처럼 그다지 크지 않는 땅에서 규모상 7번째의 전쟁이 났으니 전쟁 후에 한국이 어떤 상태가 되었을 것인가는 충분히 예상할 수 있다. 한국, 특히 남한은 완전히 알거지가 되어 세계에서 가장 가난한 나라가 되었다. 당시 한국은 전 세계가 포기한 아무 희망이 없는 나라처럼 보였다. 그럴 수밖에 없는 것이 자원은 하나도 없고 기술은 거의 수공업 수준이었으니 말이다.

그랬던 나라가 1960년대부터 서서히 부흥하기 시작해 여기까지 온 것이다. 이렇게 보면 한국이 후진국이었던 기간은 불과 100년 내지 200년 정도밖에 되지 않았다고 할 수 있다. 따라서 한국이 후진국이었다가 선진국이 되었다고 생각하는 것은 매우 제한적인 시각이다. 그보다 한국은 역사의 대부분을 선진국으로 행세했는데

세계를 흥 넘치게 하라

최근 100여 년 동안 잠시 나락에 빠지는 바람에 나라를 빼앗겼다. 그러고는 6·25 전쟁을 겪으면서 완전히 바닥을 쳤고 그 뒤에 서서히 옛날의 지위를 회복하여 전쟁 이후 50여 년 뒤에는 원래의 지위, 즉 선진국의 지위를 회복한 것으로 보는 게 정확한 견해라 하겠다. 그렇다면 우리는 그다음 질문으로 한국이 어떤 의미에서 과거에 선진국으로 불릴 만했는지 물어야 하겠다.

과거에 한국이
선진국일 수밖에 없는 증좌들

한국이 지난 역사 동안 세계적인 선진국이었다는 증좌는 부지기수로 댈 수 있다. 다른 예를 들 것도 없이 유네스코에 등재된 세계유산들을 보면 그 사실을 곧 알 수 있다. 세계유산 가운데에서도 특히 세계기록유산과 세계무형문화유산을 보면 한국은 과거에 세계적인 문화 국가였다는 것을 알 수 있다. 기록유산은 인류가 같이 보호해야 할 서책들로 구성되어 있는데, 2020년 현재 한국의 유산으로는 《훈민정음 해례본》, 《고려대장경》, 《직지심체요절》, 《조선왕조실록》 등 16개가 등재되어 있다. 그런데 중요한 것은 개수보다 순위다. 한국은 순위상 세계적으로는 4위이고 아시아에서는 부동의 1위를 차지하고 있다(인류의 4대 문명 발상지인 중국마저 따돌렸다). 그런가 하면 '종묘제례와 제례악'이나 '판소리' 같은 무형문화유산은 20개로 그 순위는 세계 3위다. 한국은 이처럼 문화유산적인 면에서 세계의 선두 위치에 있다(이 분야에서는 중국이 1위이고 일본이 2위이다).

이와 더불어 한국이 과거에 선진국이었다는 확실한 증거를 찾아보자. 이 증거는 너무 많아 무엇부터 골라야 할지 모를 지경인데, 가장 대표적인 것 두 가지만 보자. 사실 세계에서 가장 훌륭한 문자라고 하는 한글을 첫 번째 예로 들어야 할 테지만, 한글에 대해서는 뒤에서 다룰 터이니 여기서는 보지 않아도 되겠다(나는 현대 한국인이 매우 뛰어난 문화 민족이라는 신념을 갖고 있다. 이유는 간단하다. 세계에서 가장 뛰어난 문자를 쓰고 있기 때문이다).

여기서는 한글 같은 개념적인 유산보다 기술적인 유산을 예로 들고자 한다. 먼저 거론하고 싶은 예는 청자다. 한국인들은 어려서부터 청자에 대해 너무 자주 들어 그 존귀함을 잘 모르고 있는 듯하다. 특히 고려청자는 사람이 만든 청자 가운데 가장 우수한 것이라할 수 있다. 기술적인 면에서 청자의 종주국인 중국마저 능가했으니 말이다. 청자는 도자기 중에도 자기瓷器를 말하는데 자기는 그릇가운데 가장 만들기 어려운 그릇이다. 자기를 만들기 위해서는 카올린(고령토, 高嶺土)이라는 특수한 흙을 써야 하고, 가마의 온도도

| 청자 상감운학문 매병

1,300도 이상으로 높여야 하는 등 상당한 기술이 필요하다. 그런 의미에서 이 기술은 당시로서는 최고의 난도를 자랑하는 '하이테크'라 할 수 있다. 현대로 말하면 AI 기술이라든가 나노 기술 같은 것에 해당할 것이다. 그런데 과거에 이런 그릇을 만들 수 있는 나라는 전 세계에서 중국(송나라)과 고려밖에 없었다.

당시 유럽의 제국들은 이 그릇을 만드는 기술을 갖고 있지 않아 모두 중국에서 수입해야 했다. 그런 현실에 불만을 느낀 유럽인들은 많은 노력을 기울여 이 그릇을 만들려고 했지만 번번이 실패했다. 실패했던 이유 중의 하나는 이 그릇의 재료인 카올린이라는 흙을 발견할 수 없었기 때문이다. 그러다 18세기 초(1709년) 독일의 작센 지방에 있는 마이센에서 가까스로 이 그릇을 만드는 데 성공하게 된다. 송이나 고려에서는 이미 10세기에 현재 우리가 접하는

세계를 흥 넘치게 하라

고질의 청자들이 만들어지기 시작해 곧 절정기를 맞이하게 되는데, 그에 비해 유럽의 청자 제조술은 수 세기가 뒤처진 것이다. 한편 도자기의 종주국 가운데 하나로 이름 높은 일본도 처음에는 이 그릇을 만들지 못했다. 그러다 임란 때 포로로 붙잡혀 간 이삼평이 나가사키 북쪽에 있는 아리타에서 이 흙을 발견하면서 일본도 자기를 생산할 수 있었다. 한국은 이처럼 과거에 최고의 하이테크를 갖고 있었으니 선진국임에 틀림없다고 할 수 있을 것이다.

다음은 금속활자다. 한국은 주지하다시피 세계 최초의 금속활자 발명국이다. 한국인들은 이 사실을 귀에 못이 박히도록 들은 나머지 이것이 얼마나 대단한 일인지 모르는 것 같다. 활자라는 게 무엇인가? 활자는 책을 찍기 위해 만든 기물이다. 책은 무엇인가? 책이란 문화의 총아라고 할 수 있다. 문화가 발전한 나라를 보면 어김없이 서책 문화가 발달해 있기 때문이다. 유럽도 구텐베르크Johannes Gutenberg가 금속활자를 발명한 뒤 문화가 급속도로 발전했다. 유럽에는 '활자가 있는 곳에 혁명이 있다'는 말이 있는데, 그것은 혁명을 일으킬 때 금속활자로 찍은 서책이 중요한 역할을 했기 때문이다. 종교혁명이나 과학혁명, 그리고 산업혁명의 뒤에는 이 금속활자가 있었기에 이 같은 혁명들이 가능했다는 것은 잘 알려진 사실이다. 당시 유럽인들은 금속활자 덕분에 책을 한꺼번에 여러 권 찍을 수 있었고, 그 덕에 많은 정보를 빠른 시간 안에 공유하는 일이 가능해졌다. 그리고 그 정보는 축적되어 다음 세대에 고스란히 전달될 수 있었다. 그 결과 유럽은 비약적인 발전을 할 수 있었던 것이다.

그런데 이 같은 금속활자를 한국인이 세계에서 가장 먼저 만들어낸 것이다. 금속활자 같은 최고의 문화물은 그냥 나올 수 있는 것이 아니다. 이 같은 기물을 만들어내려면 그 사회에 문화력은 물론이고 경제력이나 정치력이 최고의 수준으로 갖추어져 있어야 한다. 당시 고려는 이 같은 조건을 갖추고 있는 세계 최고의 선진국이었기 때문에 금속활자 같은 문화물을 만들 수 있었다. 그런 끝에 한국은 현재 남아 있는 것 가운데 가장 오래된 금속활자 인쇄본을 갖게 되는 쾌거를 이루었다. 잘 알려진 것처럼 《직지심체요절》이 그것으로, 이 서책의 발견에는 우리의 문화 영웅인 박병선 박사의 공이 지대한데 이에 대해서는 뒤에서 자세하게 볼 예정이다. 이런 사실을 통해 우리는 한국이 과거에 문화력과 기술력이 뛰어난 나라였다는 것을 알 수 있다.

한국은 경제 성장과 더불어 민주주의도 실현한 나라

한국이 식민지에서 탈출한 다음 신흥 후진국으로서 빠른 시일 내에 민주화를 이루리라고 예측한 사람은 아무도 없었다. 이유는 간단하다. 한국과 같은 처지에 있었던 후진국 가운데 한국처럼 민주화를 이룬 나라는 거의 없었기 때문이다. 서구에서는 '한국에서 민주주의가 실현되는 것보다 쓰레기통에서 장미꽃이 피기를 기다리는 것이 더 빠를 것이다'는 식으로 말한 사람이 있었다는 것은 잘 알려진 사실이다.

1960년대에 서양 학자들은 만일 아시아에서 민주주의 같은 서구의 가치가 실현되는 나라가 있다면 그 유력한 후보는 필리핀 같은 나라가 될 것이라고 주장했다. 그들은 필리핀이 미국의 식민지로 있는 동안 미국적인 가치를 받아들였을 테니 그것을 발판으로 미국적인 민주주의를 실현할 거라고 예측한 것이다. 그런데 이 예상은 보기 좋게 빗나가고 말았다. 그들의 예측과는 반대로 필리핀은 독재 정치에 빠지고 경제마저 답보 상태가 되는 사태에 이르렀으니 말이다. 그에 비해 한국은 민주주의를 이룩했다. 서구 학자들이 보기에 당시의 한국은 유교라는 형편없는 봉건사상에 물들어 있는 미개 국가에 불과했을 것이다. 그런 까닭에 한국에서 민주주의가 실현될 거라고는 생각조차 하지 않았던 것이다.

그런데 한국 경제가 비약적으로 발전하면서 그에 부응해 한국인들 사이에는 민주주의에 대한 열망이 피어오르기 시작했다. 이것이 1987년에 있었던 6·10 민주 항쟁을 분기점으로 폭발하는데 그 뒤부터 한국은 민주화 사회로 가는 '트랙'에 들어서게 된다. 그러나 이런 일이 자연스럽게 이루어진 것은 아니다. 여기에는 전 세계에서 유례를 찾아보기 힘든 한국인의 민주화 정신이 지대한 역할을 했다.

이 민주화 정신과 관련하여 거론해야 할 것이 있다. 민주화를 이룩하고자 죽음도 불사한 엄청난 저항 정신이 과연 어디에서 비롯되었느냐는 것이다. 만일 이 정신을 한국의 전통에서 찾는다면, 내가 보기에 그것은 조선조의 이른바 '성리학적 순혈주의'와 그 맥을

세계를 흥 넘치게 하라

같이할 것 같다.

주지하다시피 한국이 이어받은 조선은 성리학을 통치 이념으로 삼은 국가였다. 성리학은 '진리는 우리에게만 있다'는 매우 배타적인 세계관을 가진 사상이다. 그래서 과거에 성리학자들은 불교를 배척한 것은 말할 것도 없고 같은 신유교의 일파인 양명학에 대해서도 매우 배타적인 태도를 취했다. 그런 까닭에 일단 사람이 성리학 이념으로 무장하면 성리학에서 제시하는 것과 다른 모든 것을 배타시하는 동시에 엄청난 저항 정신을 갖게 된다. 자기가 속한 파만이 옳다는 생각을 갖게 되고 그것을 지키기 위해서 목숨을 바치는 것도 불사하기 때문이다.

이것을 가능하게 한 것이 바로 성리학적 순혈주의라는 것이다. 이 무시무시한 정신으로 무장한 조선의 선비들은 죽음도 두려워하지 않고 왕에게 직언했다. 한국인들은 이러한 예를 많이 알고 있어 이것이 한국, 더 정확히 말하면 조선에 팽배했던 특유의 정치 문화인 줄 모른다. 과거 봉건 왕조 시절에 신하가 왕의 말을 거역하고 직언을 할 수 있는 정치 문화를 가졌던 나라는 전 세계적으로 드물다. 한국의 민주화는 이 정신을 이어받아 정치가 그르다고 생각되면 투옥되는 것은 고사하고 목숨을 내놓는 것도 불사하며 이룩한 것이다.

그렇다고 한국의 민주화가 강렬한 저항 정신으로 무장한 사회

운동가들의 힘에 의해서만 가능했던 것은 아니다. 사회 운동가들이 아무리 활발하게 활동해도 대중들이 움직이지 않으면 아무것도 되지 않는다. 대중들이 따라와야 사회가 바뀌기 때문이다. 대중들이 호응하려면 그들의 지적 수준이 어느 정도 받쳐주어야 한다. 대중들의 지적 수준을 높이기 위해서는 교육 이외에는 다른 방도가 없다. 이 면에서 한국은 전 왕조인 조선으로부터 매우 귀중한 유산을 물려받았다. 이러한 유산은 다양한데, 먼저 교육과 관계된 것부터 보자.

잘 알려진 것처럼 조선은 유교 이념에 따라 교육을 무척 강조한 나라다. 이것은 조선 남성들의 성장 과정을 보면 알 수 있다. 그들은 7세 전후가 되면 서당에 가서 유교 고전을 공부하기 시작한다. 귀족의 경우에는 과거에 나가 합격하기 위해서 어마어마한 공부를 해야 했다. 조선 남성들은 최종의 목표가 과거에 합격하는 것이었기 때문에 공부를 게을리할 수 없었다. 현대 한국인들은 조선 사회가 지녔던 이 같은 교육에 대한 열정을 고스란히 이어받았다. 그 덕에 한국인들은 골고루 교육을 받을 수 있었다. 이러한 현상은 한국과 같은 위치에 있었던 다른 후진국에서는 잘 발견되지 않는다. 이로 인해 한국은 문맹률이 세계에서 가장 낮은 나라가 되었다. 그리고 그 자연스러운 결과로 한국은 자국의 산업화와 민주화에 적절하게 활용할 수 있는 인력을 다수 확보하게 된다. 한마디로 말해 교육 덕분에 한국의 지적 수준이 높아졌다는 것이다. 한 나라가 민주화되려면 경제적인 조건도 맞아야 하지만 이 같은 문화적인 조건도 충족되어야 한다.

조선은
뛰어난 정치 문화를 가졌다!

한국이 민주주의를 빨리 발전시킨 데에는 다른 요인도 있다. 이것 역시 조선과 관계되는 것으로, 우리는 조선이 뛰어난 정치 문화 전통을 갖고 있었다는 것을 잊어서는 안 된다. 조선이 유교 사상을 실현하기 위해 수많은 노력을 한 왕조라는 것은 잘 알려진 사실인데, 유교는 뛰어난 정치 문화를 가진 가르침이다. 유교의 정치 철학을 따르면 정부 내에서 권력이 한군데로 집중되지 않고 여러 세력들이 권력을 나누어 가질 수 있다. 게다가 행정도 투명하게 이루어질 수 있다. 이 같은 유교 철학으로 무장되어 있었던 조선은 매우 뛰어난 정치 문화를 가지고 있는 나라였음에 틀림없다.

세계를 홍 넘치게 하라

그뿐만이 아니다. 조선은 봉건 왕조 사회였지만 그럼에도 불구하고 왕은 자기의 권한을 제 마음대로 행사할 수 없었다. 왕은 신하들과 끊임없이 의견을 조율해야 했고, 신하는 언제든지 왕의 정치를 비판할 수 있었다. 신하는 개인적으로 왕을 비판한 것이 아니라 체제 안에 보장된 기관을 통해 공식적으로 왕을 비판할 수 있었다. 다시 말해 확실한 언로를 갖고 있었다는 것이다. 과거 왕조 사회에서 조선처럼 신하들의 발언권이 보장된 나라는 찾기 힘들 것이다. 예를 들어 사극 같은 데에서 신하가 왕에게 '전하! 지금 전하가 하시는 일은 부당하니 거두어주십시오'라고 하는 장면을 자주 목격했을 것이다. 한국인들은 이런 장면에 별 의심을 갖지 않지만 신하가 이렇게 왕의 면전에서 그를 나무라는 것은 근대 이전의 봉건 사회에서는 찾아볼 수 없는 희귀한 일일 것이다.

그런가 하면 조선은 또 효과적인 중앙 집권 시스템도 갖추고 있어 전국이 유기적으로 소통될 수 있었다. 그래서 17~18세기에는 조선이 명이나 청보다 더 우수한 통치 시스템을 갖추고 있었다는 평가를 받기도 한다. 명이나 청은 당시 세계 최고의 국가였는데 조선은 이런 나라들을 능가하는 정치 체제를 갖고 있었던 것이다. 조선 왕조가 500년 이상 지속될 수 있었던 것은 이러한 선진화된 정치 체제 덕이라고 해야 할 것이다. 이 같은 정치 문화는 사라지지 않고 해방 뒤에도 이어졌을 것이고, 한국이 단기간에 민주주의를

순위	국가	점수
1	노르웨이	9.87
2	아이슬란드	9.58
3	스웨덴	9.39
4	뉴질랜드	9.26
5	핀란드	9.25
6	아일랜드	9.24
7	덴마크	9.22
7	캐나다	9.22
9	오스트레일리아	9.09
10	스위스	9.03
11	네덜란드	9.01
12	룩셈부르크	8.81
13	독일	8.68
14	영국	8.52
15	우루과이	8.38
16	오스트리아	8.29
16	스페인	8.29
18	모리셔스	8.22
19	코스타리카	8.13
20	프랑스	8.12
21	칠레	8.08
22	포르투갈	8.03
23	대한민국	8.00
24	일본	7.99
25	미국	7.96

2019년 민주주의 지수
(출처: 이코노미스트 인텔리전스 유닛)

이루는 데 큰 역할을 했을 것으로 생각된다.

이처럼 빠른 시간 안에 민주주의를 실현한 한국은 국제적으로도 그 노력을 인정받게 된다. 영국의 경제 분석 기관으로 알려진 이코노미스트 인텔리전스 유닛EIU이 발표한 '민주주의 지수Democracy Index 2019'를 보면 그 순위가 한국은 놀랍게도 23위에 올라와 있다. 이에 비해 북한은 꼴찌인 167위를 기록했다. 북한이 꼴찌인 것은 당연한 일이지만 한국이 23위라는 것은 한국인들도 놀라게 하는 기록이다. 160여 개 국가 가운데 23위라면 상위 8%에 속하는 것이니 한국의 민주주의가 상당한 수준에 있다는 것을 알 수 있다. 그런데 더 놀라운 것은 이 민주주의 지수 순위에서 한국이 아시아에서 1위를 차지했다는 사실이다. 일본마저 제친 것이다. 제쳤다고는 하지만 크게 앞선 것은 아니고 한국 바로 다음이 일본이었다. 일본은 한국보다 훨씬 일찍 서구 민주주의를 받아들였고 그 결과로 민주주의가 많이 발전된 나라다. 그런데 그런 일본을 한국이 추월했다는 것은 놀라운 일이 아닐 수 없다.

위의 설명으로 현대 한국의 위상이 어느 정도 설명된 것 같다. 이렇게 보면 한국은 단군 고조선 이래 가장 강한 나라가 되었다고 할 수 있다. 그런데도 불구하고 한국인들이 그런 지위를 제대로 누리지 못하는 것은 한국을 둘러싸고 세계 1, 2, 3위의 나라, 즉 미국과 중국과 일본이라는 대국이 포진해 있기 때문일 것이다. 한국이 이 큰 나라들 사이에서 운신하려니 힘든 것이다. 한국은 이 나라들 사이에서 살아남을 뿐만 아니라 발전할 수 있는 전략을 잘 짜야 한다. 특히 중국과의 관계를 어떻게 가질 것인가에 대해 역점을 두고 심사숙고해야 할 것이다. 한국이 갖는 또 하나의 큰 짐은 북한 문제의 처리다. 핵무기를 개발해 놓은 북한으로 인해 한반도의 긴장이 지속되고 있다. 한국은 북한으로 하여금 핵을 포기하게 만들어야 할 뿐 아니라 북한을 남한의 자유민주주의 체제로 편입시켜야 할 막중한 책임을 지니고 있다. 이것은 통일 문제인데, 한국이 어떤 식으로 통일하고 그 뒤에 어떻게 대처해야 하는가에 대한 문제는 현대 한국이 지닌 가장 큰 과제일 것이다.

2장.

한국인은
누구인가?

한국인은 과연 어떤 사람인가? 이 질문은 많은 관점에서 답할 수 있지만 여기서는 한국인을 두 가지 시각으로 접근하려 한다. 우선 한국인의 겉모습이다. 이것은 한국인이 인종적으로 어떤 유형에 속하는가에 대한 것이다. 사람의 외모는 그리 중요한 것이 아닐 수 있지만 수많은 인종이 섞여 사는 다민족 시대에 자신이 속한 인종에 대해 기본적인 사실을 아는 것은 서로를 이해하는 데 도움이 될 것이다.

사실 이 같은 외모에 대한 것보다 더 중요한 것은 한국인들의 내면세계에 대한 것이다. 이것은 한국인들이 자신과 타인을 어떤 방식으로 이해하고 있는지에 대한 것으로, 통칭해서 한국의 '사회 문화'라고 부를 수 있다. 혹은 한국인들의 가치관이나 의식 구조라고 표현해도 좋은데, 더 광범위하게 한국인들의 세계관이라고 이해해도 되겠다. 쉽게 말해서 한국인들은 무슨 생각을 하면서 사느냐에 대한 것이라 할 수 있다. 이를 보기에 앞서 먼저 한국인의 겉모습에 대해 보기로 하자.

한국인은
무슨 인종에 속할까?

한국인들은 인종적으로 통칭 황인종이라 불리는 '몽골리안' 인종에 속한다. 이때 주의해야 할 것은 이 몽골리안이 현재 동북아시아에 살고 있는 몽골 사람을 뜻하는 게 아니라는 것이다. 몽골 사람들도 몽골리안에 속하지만, 이 몽골리안 인종에는 동남아시아와 동북아시아에 사는 사람들이 모두 포함된다.

몽골리안은 크게 볼 때 북방계와 남방계로 나눌 수 있다. 북방계 몽골리안은 중국의 동북 지역(만주)과 몽골, 그리고 한국 등지에 사는 사람들을 말한다. 이에 비해 남방계 몽골리안은 중국의 남부 지역부터 동남아 일대에 살고 있는 사람들을 말한다. 이렇게 보면 한국인들은 북방계 몽골리안이라고 할 수 있다. 그러나 그렇다고 해서 한국인이 100%의 순도를 자랑하는 북방계 몽골리안이라는 것은 아니다. 유전 인자로 분석해 본 결과 한국인에게는 남방계 몽골리안의 인자도 꽤 들어와 있기 때문이다. 이것은 당연한 것으로 오랜 역사 동안 민족들이 이동하면서 북방계 사람과 남방계 사람이 섞였기 때문에 충분히 일어날 수 있는 일이다. 가장 비근한 예로 만일 당신의 머리털이 직모直毛가 아니고 조금이라도 곱슬머리의 기운이 있다면 그것은 당신이 100% 북방계 몽골리안이 아니라는 것을 의미한다. 왜냐하면 북방계 몽골리안은 직모를 갖고 있는 반면 곱슬머리는 남방계 몽골리안에게서 발견되기 때문이다.

한국인들의 유전 인자에 남방계 몽골리안의 인자는 얼마나 들어와 있을까? 이에 대해 학자들마다 설이 조금씩 다른데 20%부터 시작해서 많게는 40%의 남방계 인자가 한국인의 유전 인자 안에 있다고 한다. 40%는 당연히 높은 수치이지만 20%도 낮은 수치는 아니다. 백분율이 이렇게 다르게 나오는 것은 북방계와 남방계가 섞여 있는 비율이 사람마다 다르기 때문일 것이다. 이 섞여 있는 비율은 그 사람의 외모를 보면 알 수 있는데 이에 대해서는 뒤에서 곧 설명할 예정이다. 외모 가운데에서도 얼굴은 남방계와 북방계의 특징을 잘 보여준다.

지금 말한 것을 정리해 보면, 한국인은 인종적인 면에서 볼 때 기본적으로는 북방계 몽골리안이지만 남방계 몽골리안의 인자도 상당히 갖고 있다. 그런데 이처럼 남북이 섞이는 정도는 사람마다 달라서 어떤 한국인은 북방계 몽골리안에 가까운 얼굴을 가지고 있는가 하면, 어떤 한국인은 남방계 몽골리안적인 요소를 많이 갖고 있어 거의 동남아시아 사람 같은 얼

| 영조 어진

굴을 가지고 있는 경우도 있다. 그러나 대부분은 남북방계적인 요소가 소소하게 섞여 있는 상태라 할 수 있겠다.

그러면 몽골리안 인종의 북방계와 남방계의 얼굴은 어떻게 다를까? 북방계 얼굴의 특징은 다음과 같은데 독자들의 이해를 돕기 위해 예를 먼저 들어보면 좋을 것 같다. 이 계통에 속한 과거 인물로는 영조 대왕을 들 수 있는데, 그의 어진이 남아 있기 때문에 우리는 그의 실제 얼굴을 알 수 있다. 현재 생존하고 있는 인물 가운데 유명 인사로는 반기문 전 유엔 사무총장이나 한석규 배우 같은 사

람들을 들 수 있다. 독자 여러분은 이런 사람들의 얼굴을 연상하면서 북방계 얼굴의 특징을 짚어보면 이해하기가 훨씬 쉬울 것이다.

북방계는 우선 머리가 세로로 길고 광대뼈가 튀어나와 있다. 이 튀어나온 광대뼈는 북방계 몽골리안의 상징처럼 되어 있어 아예 몽골리안 광대뼈라고 불리기도 한다. 그런가 하면 눈과 그 주위 부분에서도 확실한 특징이 보인다. 우선 눈썹이 있기는 한데 아주 엷어 잘 안 보일 수도 있다. 그 밑에 있는 눈은 작은데 그 작은 눈이 위쪽으로 향해 있어 타 인종으로부터 놀림을 받기도 한다. 외국에서 활약하고 있는 한국 운동선수들을 조롱할 때 타 인종 선수들이 두 손가락으로 눈을 찢는 시늉을 하는 경우가 그것이다. 이렇게 눈이 작게 보이는 것은 눈에 쌍꺼풀이 없기 때문이다. 그런 탓에 이런 사람들이 웃으면 눈이 거의 보이지 않는 경우도 있다(일명 '단춧구멍' 눈이다). 반면 코는 길고 뾰족한 편인데 이것은 남방계 몽골리안과 비교해 볼 때 그렇다는 것이지 코카시안, 즉 백인들과 비교해서 그렇다는 것은 아니다. 입술은 얇은데 이것은 입술이 두꺼운 흑인들과 비교해 보면 그 특징을 금세 알 수 있다. 몸 전체로 보면 키가 큰 편인데 이것도 남방계 몽골리안에 비해 그렇다는 것이지 타 인종과 비교할 때 그렇다는 것은 아니다. 그리고 눈썹이 옅은 데에서 짐작할 수 있지만 북방계 몽골리안은 몸에 털이 적다. 이것도 남방계 몽골리안과 비교해 보면 그 차이를 금방 알 수 있다.

이상이 북방계 몽골리안의 얼굴이 갖고 있는 특징인데, 남방계 몽골리안은 이것과 매우 대조적인 얼굴을 갖고 있다. 대체로 반대의 모습을 갖고 있다고 생각하면 되겠다. 우선 얼굴형부터 다르다. 앞서 말한 대로 북방계는 얼굴이 긴 것에 비해 남방계는 얼굴이 길지 않고 그 전체 모습이 네모나거나 동그란 경우가 많다. 눈도 북방계보다 큰데 그 때문에 옆으로 찢어진 느낌이 없다. 그보다는 동글동글한 모습을 보인다. 그런가 하면 눈에는 쌍꺼풀이 반드시 있는 것을 알 수 있다. 눈썹은 엷어 잘 보이지 않는 북방계 눈썹과는 달리 매우 짙다. 남방계의 이런 성향 때문에 심지어 어떤 배우는 눈썹이 짙은 나머지 '숯검댕이'라는 별명으로 불리지 않았는가? 코도 북방계와 많은 대조를 이룬다. 남방계의 코는 북방계보다 전체 길이가 짧고 끝이 동글동글하며 옆으로 퍼져 있는 느낌이 든다.

남방계는 또 몸에 털이 많아 그에 따라 수염도 많이 나는데, 북방계는 몸에 털이 별로 없다고 했다. 그런 까닭에 북방계 사람들은 수염을 길러보아야 염소수염 정도밖에 되지 않아 보기가 그다지 좋지 않다(그래서 이들은 수염을 잘 기르지 않는다). 입술도 북방계보다 두껍고 피부도 더 검다. 남방계 사람들은 키도 북방계보다 작다. 이런 얼굴을 가진 한국인 가운데 유명 인사를 꼽으라면 장동건 배우나 박찬호 선수 같은 사람을 들 수 있다. 이러한 특징을 가진 전형적인 민족은 태국인을 비롯한 동남아인으로 독자 여러분은 이 사람들을 상상하면서 설명을 들으면 한결 쉽게 이해할 수 있을 것이다.

그런가 하면 일본의 원주민이라고 하는 아이누족도 남방계 몽골리안의 전형적인 예다. 그런데 우리가 일본에 간다 해도 아이누족을 만나기는 힘들다. 그렇지만 그들의 흔적은 어렵지 않게 발견할 수 있는데 현대 일본인의 용모에 그 자취가 보이기 때문이다. 일본인을 아주 단순하게 말하면 원주민인 아이누족과 한반도에서 넘어간 사람들이 혼종되면서 형성되었다고 할 수 있다. 그래서 그 가운데에는 한국인과 구별할 수 없을 정도로 북방계 몽골리안의 외모를 많이 가진 사람이 있는가 하면, 그 반대로 원주민인 아이누족과 비슷한 용모를 가진 사람이 있다. 일본인 가운데에는 특히 키가 작고 얼굴이 검으며 쌍꺼풀과 함께 눈이 동그랗게 생기고 눈썹이 짙으며 코가 동글동글 옆으로 퍼져 있고 수염이 많이 난 사람들이 있는데, 그들은 아이누족의 유전 인자를 많이 받은 사람이라 할 수 있다. 이런 사람들은 한국에서는 잘 발견되지 않는 일본 특유의 인종이다.

한국인의 인종에 대해서 다시 한번 정리하면, 한국인은 남북방계 몽골리안 중에서 북방계 인자가 강한 몽골리안이라 할 수 있다. 남방계 인자도 섞여 있지만 북방계 인자가 우세하다는 것이다. 한국인들의 얼굴을 보면 이처럼 남북 몽골리안의 특징이 섞여 있어 다음과 같은 조합이 가능해진다. 즉 광대뼈가 많이 튀어 나온 동시

세계를 홍 넘치게 하라

에 눈 쌍꺼풀이 있는 예가 그것이다. 광대뼈가 튀어 나왔으니 북방계의 특징을 갖고 있는 것인데, 남방계의 특징인 쌍꺼풀이 있으니 이것은 남북 인자가 섞여 있는 것이다. 최근에 한국인들이 동남아인들과 하는 결혼이 잦아지면서 남방계 인자들이 더 많이 유입될 것으로 생각되는데, 눈에 띌 만큼의 변화가 언제 일어날지를 예측하기는 힘들다.

한국의 사회 문화는
개인주의가 아닌 집단주의 문화

다음 주제는 앞서 말한 대로 한국의 사회 문화에 대한 것이다. 앞에서 한국인의 겉모습을 다루었다면 여기서는 한국인의 내면세계에 관한 것을 살펴본다. 한국인이 다른 사람과 어떤 관계를 가지고 사는가에 대한 것인데, 달리 말하면 의식 구조 혹은 가치관에 대한 것이라 할 수 있다.

사람들은 어떤 사회 문화를 가진 사회에 사느냐에 따라 말은 물론이고 행동거지가 완전히 달라진다. 예를 들어 한국인과 아랍인은 육체 구조는 다른 것이 하나도 없지만, 사회적 관습이나 행동거지는 너무도 다르다. 이것은 그 사람들이 신봉하면서 살고 있는 사회 문화가 다르기 때문에 생기는 현상이다.

　이 사회 문화는 정신적 프로그램mental program이라 할 수 있는데, 이 같은 사회 문화를 알 수 있는 방법이 있다. 그 가운데 가장 일반적인 것은 각각의 사회를 '개인주의 대 집단주의'라는 차원으로 나누어서 판단하는 것이다. 여기서 개인주의는 가치의 중심이 집단보다는 개인에게 있는 프로그램을 말하고, 집단주의는 그 반대로 개인보다 집단이 중시되는 사회가 갖고 있는 프로그램을 말한다. 전세계 국가들은 이 두 프로그램 중에서 하나를 택하고 있다. 각 프로그램의 분포는 어떻게 될까? 이 질문은 세계의 각 나라 사람들이 어떤 가치관을 갖고 사느냐에 대한 것이다. 이 분포도를 간명하게 보면, 개인주의는 서구의 대부분의 국가가 지니고 있는 가치관이고, 집단주의는 그 외의 국가들이 견지하고 있는 가치관이라 할 수 있다.

　도대체 개인주의가 무엇이고 집단주의가 무엇인지 확실하게 이해되지 않을 수 있는데, 이 두 가치관의 차이를 쉽게 알 수 있는 좋은 예를 들어보자. 이 차이는 사람들이 편지 봉투에 주소와 이름을 쓸 때 가장 잘 드러난다. 개인주의 사회에서는 개인의 이름이 맨 앞이나 위에 들어가고 그다음으로 번지, 동, 구, 시, 나라의 순으로 적는다. 개인주의 사회에서는 개인이 있은 다음에 개인과 관계된 다른 것이 존재하기 때문에 가장 중요한 개인의 이름부터 적는 것이다. 이에 반해 집단주의 사회에서는 이 순서가 완전히 뒤바뀐다. 즉 그 사람이 속한 나라나 고장의 이름이 가장 먼저 나오고 개인의 이름은 맨 나중에 들어간다. 집단주의 사회에서는 자신이 속한 집단이 중요하기 때문에 집단의 이름부터 먼저 쓰는 것이다. 이것은 사람들이 자신의 성명을 적을 때에도 마찬가지다. 개인주의 사회에서는 이름을 먼저 적고 성을 나중에 적지만, 집단주의 사회에서는 반대로 성을 먼저 쓰고 이름을 그다음에 적는다. 개인주의 사회에서는 자신이 제일 중요하기 때문에 자신의 이름을 먼저 쓰지만, 집단주의 사회에서는 그가 속한 집단이 중요하기에 성을 먼저 쓰는 것이다.

더 나아가서 집단주의 사회에서는 개인의 정체성이 그가 소속된 집단에서 나온다. 이것을 확인하고 싶으면 한국인들이 자신을 소개할 때를 살펴보면 된다. 이때 한국인들은 항상 자신이 무슨 집단에 소속되어 있는가부터 밝힌다. 예를 들어 대학생이 자기를 소개할 때 '저는 09학번 사학과에 다니는 김선아입니다'라고 하는 데에서 알 수 있는 것처럼, 자신이 속한 집단을 먼저 말하고 그다음에 자기 이름을 말한다. 자신이 맨 뒤에 나오는 것이다. 이에 비해 미국인은 그가 어떤 집단에 소속되어 있든지 모든 자기소개는 'My name is Tom'과 같이 자신의 이름을 말하는 문구로 시작한다. 이것은 세상에서 가장 중요한 것은 '나'이고, 사회 안에서는 모든 인간

세계를 홍 넘치게 하라

관계를 자기중심으로 하겠다는 것을 의미한다. 뒤에 다시 말하겠지만 한국인이 가장 중요하게 생각하는 집단은 가족이다. 한국인은 모든 인간관계를 가족이라는 프리즘을 통해 파악한다. 한국인은 가족에서 자기 정체성을 찾고 그 안에서 안정감을 갖는다.

한국은 전형적인 집단주의의 나라라고 했는데, 앞에서 집단주의 문화를 가진 나라는 서구를 제외한 거의 모든 국가라고 했다. 그렇다면 서구를 제외한 국가들의 사회 문화가 모두 같다는 말인가? 그렇지 않다는 것은 삼척동자도 알 것이다. 많은 나라가 집단주의 문화를 갖고 있다고 해도 각 나라들은 내용이 다른 집단주의 문화를 갖고 있다. 그렇다면 한국의 집단주의 문화는 어떤 특징을 갖고 있을까? 한국적인 집단주의 문화가 형성되는 데 가장 많은 영향을 끼친 것은 유교다. 유교는 마지막 왕조인 조선이 신봉하던 이념으로, 조선은 유교적 이념을 조선 사회에 정착시키기 위해 많은 노력을 했다. 그래서 19세기 말이 되었을 때 조선은 중국보다 더 유교적인 국가가 되었다. 현대 한국은 그 같은 조선의 사회 문화를 이어받았기 때문에 한국의 사회 문화는 유교적인 색채가 대단히 강하다.

그런데 정작 한국인 본인들은 자신들이 지닌 가치관이 유교적이라는 것을 잘 눈치채지 못한다. 그것은 그들이 워낙 유교적인 가치관에 익숙해 있기 때문일 것이다. 이러한 경향은 다음과 같은 질문을 던져보면 금세 알 수 있다. 한국인에게 '유교를 종교로 신봉하는가' 하고 물으면 겨우 2% 정도의 사람들이 그렇다고 답한다고 한다. 그러나 질문을 바꾸어 '효를 실천해야 한다고 생각하는가' 혹은 '제사는 꼭 지내야 한다고 생각하는가'라고 물으면 90% 이상의 한국인이 그렇다고 답한다. 효를 준수하고 제사를 지내는 것은 대단히 유교적인 덕목이자 의무인데 그런 것을 따르면서도 한국인들은 자신이 유교인이라고 생각하지는 않는 것이다. 그러나 단언컨대 현대 한국인들은 전 세계에서 가장 유교적인 인간이라 할 수 있다.

유교에서 영향받은
한국의 사회 문화
혈연주의 문화의 탄생

사정이 그렇다면 우리는 한국인의 가치관을 알기 위해서 먼저 유교의 특징을 알아야 할 것이다. 불교나 기독교 같은 세계 종교와 비교해 볼 때 유교의 가장 독특한 점은 '효孝'를 강조한다는 데에 있다. 세계 종교 가운데 유교처럼 효를 강조한 가르침은 없다. 효란 아주 간단하게 말해 자식(주로 아들)이 부모(특히 부친)를 정성을 다해 모시고 공경하는 것을 말한다. 이유는 간단하다. 부모는 세상에서 가장 존귀한 존재이기 때문이다. 이런 내용을 갖고 있는 것이 유교적인 가부장제이다.

　자신의 부모가 절대적인 존재가 되면 자연스럽게 그 부모가 이

끄는 가족(혹은 가문)이 세상에서 제일 귀한 것이 된다. 물론 그 가족은 나의 가족이다. 이러한 경향은 다른 어떤 것보다 혈연이 중시되는 현상을 낳는다. 그런데 앞에서 한국인은 가족이라는 프리즘을 통해 사회를 바라본다고 했다. 그렇다면 한국인들은 이 가족의 혈연으로 사회의 모든 것을 파악할 거라고 예상할 수 있다. 이와 동시에 한국인들은 혈연을 넘어선 사회적 관계에 대해서는 무관심한 태도를 취할 가능성이 크다는 것도 예측할 수 있다. 나는 이 같은 한국인의 태도를 '내 가족 우선주의'라고 부른다.

한국인들은 사회에서 어떤 인간관계를 갖게 되든지 서로를 혈연적인 관계로 파악하는 데에 익숙하다. 예를 들어 한국인들은 처음 만난 사람도 가까워지면 형님이나 언니 같은 가족 호칭으로 부르는 것을 좋아한다. 이것은 한국인들에게는 아주 자연스러운 관습이다. 예를 들어 학교 같은 곳에서 한국의 젊은이들은 단지 학년이 하나 위라는 것만 가지고 상급생들을 무조건 형이나 언니라고 부르는데 이것은 가정에서 만들어진 관계를 사회에 적용하는 것이다. 다시 말해 전 사회가 가족이 되는 것이다.

한국인들이 사회를 가족으로 파악하고 있다는 것은 그들이 쓰는 언어를 보면 쉽게 알 수 있다. 우선 나라를 뜻하는 국가라는 단어를 보자. '국가'는 말 그대로 '나라 국國' 자에 '집 가家' 자로 구성되어 있다. 왜 나라를 뜻하는 '국'에 집을 뜻하는 '가'가 붙었을까?

이것은 한마디로 나라도 집이라는 뜻이다. 우주라는 글자로 가면 가관이다. 영어로 'universe'를 뜻하는 우주라는 한자를 뜻으로 읽으면 '집 우宇', '집 주宙'가 된다. '우'와 '주'가 모두 집을 뜻한다. 그 광활한 우주도 한국인(그리고 중국인)에게는 집인 것이다. 이처럼 유교권에 있는 동북아시아인들은 세상 모든 것을 가족이라는 프레임을 통해 파악했다.

한국적 집단주의는 이처럼 내 가족 우선주의가 주된 내용을 이루고 있다. 내 가족 우선주의에서 배태되는 혈연은 곧 지연과 학연으로 확장된다. 내 가족이 최고라는 것은 곧 내 고장이 최고라는 지역감정으로 이어진다. 지역감정이 무턱대고 나쁜 것은 아니다. 그러나 한국인의 지역감정은 긍정적인 면보다 부정적인 면이 더 많은 것 같다. 이유는 간단하다. 자기 지역 사람을 추켜세우는 것은 나쁜 일이 아니지만, 다른 지역 사람들을 내려 깎고 혐오하기 때문이다. 이것은 학연도 마찬가지다. 내 가족 우선주의는 곧 '내 학교 우선주의'로 발전해 같은 학교 나온 사람만을 선호하는 좋지 않은 관습을 낳았다. 예를 들어 교수를 뽑을 때 모교 나온 사람만 뽑는다든가, 어떤 기관에서 사람을 뽑을 때 학연 중심으로 뽑고 그런 사람들과 연대를 형성하는 것이 그렇다. 이것 역시 사회의 통합을 저해하는 나쁜 요인이라 할 수 있다.

한국인들의 내 가족 우선주의는 한국 사회의 가장 고질적 병폐인 '우리주의weism'를 만들어냈다. 이 우리주의라는 용어는 한국인들이 사회생활을 하면서 '우리'라는 집단을 지나치게 강조해 새롭게 만들어진 것이다. 이 용어는 사회심리학계에서 학술 용어가 될 정도로 유명한 것이 되었다. 성급한 추단일 수 있지만 한국인들처럼 '우리'라는 단어를 많이 쓰는 사람들은 더 이상 없을 것 같다. 예를 들어 한국에서 귀가하는 친구에게 어디 가느냐고 물어보면 항상 '우리 집에 간다'고 하지 '내 집에 간다'고 하지 않는다. 그런데 이 상황을 영어로 할 때에는 'I'm going my home'이라 하지 'I'm going our home'이라고 하지 않는다. 그런가 하면 자기 자식을 말할 때에도 '우리 딸'이라고 하지 '내 딸'이라고 하지 않는다. 또 남편을 소개할 때에도 '이쪽은 우리 남편이야'라고 하지 '내 남편'이라고 하지 않는다. 이 한국어 표현을 영어로 직역하면 'This is our husband'가 되는데, 남편을 공유하는 것도 아닌데 'our'를 쓰는 것은 매우 어색한 표현이 아닐 수 없다. 한국인들은 이처럼 나보다는 우리를 많이 강조한다. '우리말'이라든가 '우리 학교', '우리 고장' 등등 우리를 강조한 표현이 하도 많아 더 이상 소개할 필요를 느끼지 못한다.

이것은 한국인들이 얼마나 집단을 중시하는 사회 문화를 갖고 있는지를 알려준다. 자신의 집단인 우리를 중시하는 것은 전혀 문제가 될 게 없다. 문제는 한국인들은 우리와 대조를 이루는 남, 즉 타인의 집단에 너무 배타적이라는 데에 있다. 이것을 학술적으로 말할 때에는 우리를 내집단inner group이라 하고 남을 외집단outer group이라고 하는데, 여기서 한국인들의 고질적인 병폐가 확인된다. 한국인들은 내집단에 속한 사람들은 무조건 감싸는 반면, 외집단의 사람들에게는 배타 의식이 강하고 심지어 강한 혐오감을 드러내기까지 한다. 이것이 특히 문제 되는 것은 지역감정과 관계될 때다. 한국은 그다지 크지 않은 나라임에도 불구하고 지역을 두셋으로 나누어 쓸데없는 반목을 하고 있다. 호남과 비호남의 대결이 그것인데 이 두 지역은 아무 근거도 없이 공연한 배타감과 증오로 반목하고 있다. 이 같은 지역감정은 나라가 바로 서는 데에 큰 장애가 된다. 나라가 화합되지 않기 때문이다.

나이로 아래위를 구분하는 한국인들
권위주의 문화의 탄생

한국인의 생활 관습 가운데 유교의 직접적인 영향을 받은 것이 또 있다. 나이를 따져서 아래위로 나누는 것이 그것으로, 이것은 유교의 기본 윤리 오륜五倫 가운데 하나인 장유유서長幼有序에서 비롯된 것이다.

이때 한국인들은 나이만 따지는 데에 그치지 않고 한 걸음 더 나아가 형이나 언니 같은 친족 호칭으로 서로를 부른다. 선진국 가운데 한국처럼 나이를 엄격하게 따진 다음 그 결과를 가지고 친족 호칭으로 서로를 부르는 나라는 없을 것이다. 유교의 종주국인 중국에도 이 같은 관습은 없고, 같은 문화권에 속해 있는 일본에서도 한국처럼 나이를 엄격하게 따지지 않는다.

한국인들은 다른 사람을 처음 만났을 때 그 사람의 나이를 매우 궁금해한다. 그 궁금함이 심해 서로 나이를 모르면 불안해서 참지 못하는 것처럼 보일 정도다. 그런 까닭으로 생각되는데, 외국인들이 한국에 왔을 때 가장 많이 받는 질문이 'How old are you?'라고 할 정도로 한국인들은 나이를 중요하게 생각한다. 한국인들이 얼마나 나이 따지는 데 익숙한지 알려면 다음의 상황을 생각해 보면 금세 알 수 있다. 승강기 안에 두 명의 엄마가 아이와 함께 있다고 하자. 물론 두 엄마는 초면이다. 이때 아이를 매개로 대화가 자연스럽게 시작되는데 대부분의 경우 한 아이의 엄마가 상대 아이를 가리키며 '애는 몇 살이에요?'라고 묻는 것으로 운을 뗀다. 그렇게 아이들의 나이가 확인되면 곧 '우리 애가 한 살 많으니 형이네' 하는 식으로 억지로 친족 관계를 만든다(이때에도 '내 애'라 하지 않고 '우리 애'라고 한다).

한국인들이 이렇게 필사적으로 아래위를 나누는 바람에 한국어에는 다른 나라 말에는 그다지 발견되지 않는 '반말'과 '존댓말'이라는 두 가지 어법이 생겨났다. 그저 생겨난 정도가 아니라 이를 바탕으로 한국인들은 매우 복잡한 경어 체제를 만들어냈다. 그런데 모든 경우가 그런 것은 아니지만, 한국인들은 나이를 확인한 다음 연장자가 반말을 사용하는 경우가 많다. 학교 같은 현장에서는 나이를 따질 것도 없다. 한 학년이 높으면 무조건 형이나 언니가 되기 때문이다. 그리고 단 한 살밖에 차이가 나지 않는데도 저학년 학생은 고학년 학생에게 깍듯이 존댓말을 써야 한다. 한국어의 존댓말은 그 사용법이 너무 어려워 그것을 정확하게 구사하는 사람이 거의 없을 지경이다. 한국인들도 그러하니 외국인들은 이 존댓말을 배우는 데 고역을 치른다.

한국인들의 이 같은 관습은 한국 사회에 심각한 문제를 야기했다. 무슨 문제일까? 한국의 사회 문화가 너무 권위주의적으로 되었다는 것이다. 특히 반말과 존댓말의 사용이 그렇다. 한국인들은 이 반말의 사용이 얼마나 심각한 권위주의 문화를 만들어내는지 잘 모르는 것 같다. 잘 알려진 것처럼 말은 삶을 규정하기 때문에 어떤 말을 쓰느냐에 따라 삶의 패턴이 바뀐다. 나이 따지는 것까지는 그렇다 치자. 그러나 그것을 가지고 형(언니)과 동생이라는 수직적 관계가 만들어지고 그에 맞는 어법을 사용하는 순간, 거기에는 어쩔 수 없이 권력 구조가 형성된다. 연장자인 형은 손윗사람이 되어 반말을 쓸 수 있게 되고, 그 순간 두 사람 사이에는 권위와 종속이라는 권위적인 관계가 생겨난다. 두 사람이 서로 존댓말을 쓸 때에는 억압적인 구조가 비교적 덜 생기는데, 한 사람이 반말을 쓰게 되면 곧 억압이 발생하게 되는 것이다. 반말을 쓰는 사람이 존댓말을 쓰는 상대방을 억압할 수 있는 구조가 되는 것이다. 굳이 '언어는 존재의 집이다'라는 독일 철학자 하이데거Martin Heidegger의 말을 인용하지 않아도 언어, 즉 말은 삶의 전체를 형성하기 때문이다.

이 같은 권위주의 문화가 갖는 폐해 중에 가장 큰 것은 사람 사이에 소통의 흐름이 막힌다는 것이다. 반말을 쓰는 사람은 존댓말을 쓰는 사람보다 위에 처하게 되기 때문에 아무래도 강압적인 태도를 취하기 쉽다. 반면에 존댓말을 쓰는 아랫사람은 윗사람의 눈치를 보아야 하기 때문에 자신의 의견을 자유롭게 펼 수 없다. 그런 조직에서는 의견의 흐름이 막혀 있어 효율성이나 생산성이 떨어질 수밖에 없다. 젊은 세대의 창의적인 생각이 반영되지 않을 가능성이 크기 때문이다. 고금을 막론하고 가장 강한 집단은 그 구성원들이 각자의 의견을 자유롭고 활발하게 펼 수 있는 집단이라 하겠다. 이런 점에서 한국인들은 이 권위적인 사회 문화를 어떻게 바꿀 수 있는지에 대해 좀 더 심사숙고해야 할 것이다.

3장.

한국의
역사와 문화를
어떻게 이해하면
좋을까?

한국은 오래된 나라라 그 역사와 문화가 다양하고 깊다. 따라서 이 작은 책에서 그것을 모두 다룬다는 것은 불가능한 일이다. 여기서는 한국의 역사와 문화를 전체적으로 크게 훑는 식으로 살펴보려고 한다. 그 전에 언급해야 할 것은 한국이라는 나라가 문화적인 면에서 어떻게 특별난지에 대한 것이다.

한국에 관심 있는 외국인들이 한국에 대해 신기해하는 점이 하나 있다. 중국에서 압록강을 건너서 한국으로 들어오면 모든 것이 달라진다는 것이 그것이다. 강 하나 건넌 것에 불과한데, 이 두 나라가 닮은 것은 사람들의 외모밖에 없고 그것을 제외하면 나머지는 다 다르다. 우선 언어, 즉 말과 문자가 완전히 달라지고 음식이나 옷 역시 중국과 판연히 다르다. 또 추구하는 예술 세계도 다른데 특히 다른 것은 음악이다. 전통 음악의 경우 중국은 기본적으로 2박자나 4박자로 되어 있는데(일본도 마찬가지) 한국은 3박자로 되어 있기 때문이다.

정치적으로도 한국은 특이하다. 중국 주변에 있었던 민족들은 대부분 중국 본토를 정복해 왕조를 세운 경험이 있다. 선비족, 거란

족, 몽골족, 여진족 등이 그것인데, 그들은 자신들의 왕조를 세웠음에도 불구하고 중국에 동화되어 지금은 자취를 찾는 일이 힘들게 되었다(몽골은 예외). 그에 비해 한국은 중국을 정복하려는 시도를 한 번도 하지 않았지만 그렇다고 중국에 동화된 것도 아니다. 중국에 비해서 한참 작은 나라인 한국이 중국에 정복당하지 않고 아직까지 정치적인 독립과 문화적인 정체성을 유지하고 있는 것은 놀라운 일이라 하겠다. 게다가 과거에 한국은 인류의 4대 문명 발상지인 중국과 국경을 같이하면서 그들의 높은 문화와 기술을 받아들여 앞에서 본 것처럼 전 세계적으로 선진국의 자리에 있었다. 이제 그런 한국의 역사와 문화를 간추려서 보려고 한다. 여기서 나는 한국인이라면 꼭 알고 있어야 하는 정보만을 추려서 제시할 것이다.

세계적으로 주목받는
한국의 선사 시대

선사 시대는 구석기 시대와 신석기 시대로 구분할 수 있는데, 대략 전자는 기원전 약 250만 년부터 기원전 1만 년까지의 시기에 해당하고, 후자는 약 기원전 1만 년부터 기원전 1천 년까지의 시기에 해당한다. 이렇게 보면 인류의 역사는 대부분 구석기 시대에 있었다는 것을 알 수 있다. 전 기간의 99% 이상이 구석기 시대였으니 말이다. 인류는 아프리카에서 생겨난 이래 거의 대부분의 시간을 동굴 등지에 살면서 생존을 위해 자연과 싸우며 매우 힘든 원시적인 생활을 했다. 이 인류는 기후 변화 등으로 대이동을 시작해 전 세계로 퍼져 나갔다.

이렇게 이동한 인류가 한 반도에 들어온 것은 대체로 70만 년 전의 일이라고 하는데, 그 뒤에도 인류는 계속해서 한반도로 유입되어 왔다. 그런데 이들이 현대 한국인의 직접적인 조상인지 아닌지는 아직 확실하게 밝혀지지 않았다. 이렇게 한반도로 흘러들어 온 인류들은 공

| 아슐리안형 돌도끼

주의 석장리나 제천의 점말 동굴 같은 곳에서 생활을 영위해 나갔다. 이곳은 모두 발굴되었기 때문에 우리는 당시 사람들의 생활상을 비교적 소상하게 알고 있다. 경기도 연천군 전곡리도 그와 같은 곳인데 여기에서 1979년 세계 구석기 역사를 뒤흔든 유물이 발견되었다. 그 주인공은 '아슐리안형' 돌도끼라는 것인데, 이 도끼는 양면을 가공해서 끝을 뾰족하게 만든 것으로 주먹도끼 혹은 양면(핵)석기라고도 불린다. 이 도끼는 이전에 썼던 도끼보다 성능이 월등하게 우수한 것으로, 종전에는 유럽에서만 발견된 것으로 알려져 있었다. 그러던 것이 한국에서 발견됨으로써 인류의 구석기 역사를 다시 쓸 수밖에 없게 되었다. 종래에는 동아시아의 구석기 시대 사

| 강화도에 있는 고인돌

람들은 이 도끼를 사용하지 않았다는 것이 정설이었는데, 한국에서 이 도끼가 발견되면서 이 설이 뒤집히게 되었다. 이 도끼 덕에 한국을 포함한 동아시아 국가들도 기술이 발전된 구석기 시대를 갖게 된 것이다.

한국에 있는 선사 시대 유적 가운데 세계적인 명망을 얻고 있는 것이 또 하나 있다. 이것은 청동기 시대에 나타난 유물인데, 한국은 대체로 기원전 1500년에서 기원전 1000년 사이에 청동기 시대가 시작되었다고 한다. 이 유물은 무덤 역할을 하는 '고인돌'로, 이 돌 때문에 한국은 전 세계의 주목을 받았다. 왜냐하면 전 세계에 분

세계를 홍 넘치게 하라

포되어 있는 고인돌 중 한국의 고인돌이 반 이상을 차지하기 때문이다. 고인돌이 많이 유실된 지금의 개수만으로도 전 세계 고인돌의 반 이상을 차지한다면, 원래의 숫자로 했을 때 한국은 반보다 훨씬 많은 고인돌을 갖고 있었을 것이다. 이 때문에 한국은 고인돌 왕국이라고 불리기도 하는데, 고인돌의 개수가 많아 유네스코의 세계유산에는 강화도, 고창, 화순 세 군데로 나뉘어 등재되었다. 세계 지도를 보면 한국은 면적이 큰 나라가 아닌데 고인돌이 이렇게 많이 있는 것은 불가사의하다. 한국은 확실히 돌이 많은 나라인 것 같다. 불교의 탑을 만들 때에도 중국은 주로 벽돌을 쓰고 일본은 나무를 쓴 것에 비해 한국의 탑은 대부분 석탑이니 말이다. 그래서 한국에서 최고로 꼽는 탑이 석탑인 석가탑인 것도 이상할 게 없다.

단군이 고조선을 세운 것은
기원전 2333년이 아니다

청동기 시대에 들어오면 부족들이 전쟁을 통해 나라를 세우게 되는데 한반도 일원에 나타난 최초의 국가는 고조선이다. 고조선은 잘 알려진 것처럼 단군이라는 신화적인 인물이 세웠다. 이때 단군이라는 단어는 왕의 이름이 아니라 무당을 뜻한다는 것이 학계의 정설이다. 당시는 정치 지도자가 종교 사제도 겸하는 신정 체제였기 때문에 무당이 왕이 된 것이다. 그런데 여기서 말하는 무당은 우리 주변에서 흔히 볼 수 있는 무당이 아니다. 당시 사회에서 무당은 유일하게 신적인 파워를 가진 가장 강력한 존재였다. 고려 시대로 치면 국사國師 정도의 권위를 갖고 있었을 것이다(아니 그 이상일 것이다).

단군과 관계해서 꼭 언급해야 할 것은 우리가 단군의 역사를 오해하고 있다는 것이다. 한국인들은 한국의 역사를 말할 때 반만 년의 역사라고 하면서 그 긴 역사를 자랑하는 경우가 많다. 한국인들이 자신의 역사를 반만 년이라고 하는 것은 단군이 기원전 2333년에 나라를 세웠다는 속설 때문인데 이것을 서기와 합해서 대강

| 단군 영정

5천 년이라고 부르는 것이다(2021년은 단기로 하면 4354년인데 이것을 반만 년, 즉 5천 년이라고 하는 것은 과장이 심한 것 아닐까?). 이런 설이 나오게 된 것은 《삼국유사》에 실린 단군 신화에 의거한 것이다. 이 책의 맨 앞부분에 단군 신화가 나오는데 여기에 단군이 기원전 2333년에 나라를 세웠다는 기록이 나온다(단군 신화는 이 책에 처음으로 등장한다). 그런데 이 신화를 역사적 사실로 생각해 개국 연대를 계산하는 것은 온당치 못하다. 신화는 신화로만 보아야지 이것을 역사적 사실과 혼동하면 안 된다. 게다가 이 개국 연대는 시대적으로도 문제가 많다. 기원전 2333년은 신석기 시대에 해당하여 국가 개념

이 나올 수 없는 시기이기 때문이다. 국가는 청동기 시대에 들어와서야 극히 초기 형태가 나타나기 때문에 기원전 2300여 년에 고조선이라는 국가가 성립했다는 것은 있을 수 없는 일이다.

학자들에 따르면 만일 단군이라는 정치 지도자가 국가를 세웠다면 그 시기는 기원전 8~7세기경이 될 것이라고 한다. 한반도 일원에서는 대략 그 시기에 초기 형태의 국가가 생겨났기 때문이다. 그렇다면 이 시기는 지금으로부터 2,700년 내지 2,800년 전이 되니 이때가 한국의 역사가 시작된 시점이라 할 수 있을 것이다. 이것은 3천 년이 조금 안 되는 기간인데, 이를 무시하고 한국의 역사를 과장해 반만 년이라고 하는 것은 도가 지나친 것이라고 할 수 있다(그러나 3천 년도 결코 짧은 기간이 아니다). 앞으로 이에 대한 수정적인 시각이 필요하겠다.

고조선은 초기에 중국의 요동반도 지역에 있었는데 중국의 집요한 공격을 받고 기원전 4세기경 수도를 평양으로 옮긴다. 그러나 당시 중국의 왕조였던 한은 고조선을 계속 공격하여 결국 고조선은 기원전 108년에 망하고 만다. 고조선이 망한 후에 한은 이 지역을 넷으로 나누어 다스렸는데(이른바 한사군) 4세기 초에 이 네 개의 행정 지역은 한반도에 사는 사람들에 의해 궤멸된다. 그리고 이곳에 들어선 국가 중에 가장 대표되는 것은 말할 것도 없이 고구려.

삼국 시대의 시작

고구려가 선두에!

이 시기에 만주 지역과 한반도에 여러 국가가 나타났다가 사라지곤 했는데 이것들은 결국 고구려, 백제, 신라라는 삼국 체제로 귀결된다. 여기에 가야가 포함될 수 있지만 가야는 중앙 집권 국가가 되지 못하고 망했기 때문에 제외했다. 이 책은 정치가 아니라 문화를 중심으로 다루기 때문에 가야의 경우 후대에 문화적으로 영향을 준 것이 별로 없어 생략해도 되겠다는 생각이다. 가야가 멸망한 시기는 6세기인데 지금과는 시대가 너무 멀리 떨어져 있어 현대와의 연결 고리를 찾는 일이 힘들 수밖에 없다(가야금은 가야의 흔적을 알 수 있는 유일한 예가 될지 모른다).

현대 한국인들은 과거 왕조 가운데 고구려를 가장 자랑스럽게 생각하는 것 같다. 그것은 고구려가 과거에 있었던 여러 나라 중에 중국과 맞장을 뜬 유일한 나라이기 때문일 것이다. 당시에 중국의 정치가들은 고구려가 만주 지역에 웅거하고 있는 한 중국 땅에 평화가 오지 않을 것이라는 걸 알았다. 고구려는 중국에게 엄청난 골칫거리였던 것이다. 그래서 중국에 통일 왕조가 들어서자 곧 고구려 정벌에 나섰는데 수나라와 당나라가 각각 두 번씩 침략한 것이 그것이다. 중국은 그렇게 고구려를 네 번이나 침공했건만 고구려를 무너뜨린 것은 마지막 침공 때였다. 그것도 신라와 협공을 했기 때문에 가능했지 당나라 혼자 싸웠다면 승리했으리라는 보장이 없다. 특히 수나라는 고구려를 침략하느라 국력을 지나치게 소비한 나머지 두 번째 침공 후 곧 망하게 된다. 당시 수나라나 당나라는 세계에서 가장 강한 군대를 가진 나라라고 할 수 있는데 그런 나라를 세 번이나 물리친 것은 고구려가 얼마나 강한 나라였는가를 알려준다. 따라서 현대 한국인들이 고구려를 자랑스럽게 여기는 것은 전혀 이상한 일이 아니다.

고구려 유적 가운데 세계적인 것은 말할 것도 없이 고분이다. 고구려의 영토가 처음에는 만주와 한반도 북부 지방에 걸쳐 있었기 때문에 대부분의 고분은 만주에 있다. 그중에서도 지린성(길림성)에 고분들이 밀집되어 있는데, 이곳에는 고분이 1만 2천여 기나 있다

| 중국 지린성에 있는 장군총(좌)과 무용총 벽화(우)

고 하니 그 수가 얼마나 많은지 알 수 있다. 이 고분들은 크기가 다양하여 큰 것은 이집트의 피라미드를 연상케 할 정도이니 당시 고구려의 국력을 알 만하겠다. 또 고분 안에는 다양한 그림들이 그려져 있어 당시 고구려 사람들이 어떻게 살았는지 고스란히 알 수 있다. 이 고분들은 유네스코에 세계유산으로 등재되었는데 안타까운 일은 중국 정부가 이 고분들이 만주, 즉 자신들의 영토에 있다는 사실에 근거해 이것들을 자신들의 유산으로 올렸다는 것이다. 이러한 태도는 중국 정부가 행한 이른바 동북공정에서 비롯된 것이다. 현대 중국 정부는 이상한 역사관을 가지고 있다. 그들이 점유하고 있는 현재의 영토에서 일어난 모든 일은 과거나 현재를 막론하고 모두 중국 역사의 일환이라고 주장하는 것이 그것이다. 그런 관점에

서 볼 때 현재 중국의 영토(즉 만주)에 있었던 고구려의 역사는 모두 중국의 역사가 된다. 이것은 과거 제국주의자들이 갖고 있었던 오만한 태도를 연상케 하는데 한국인들은 중국인들의 이러한 태도를 예의주시하면서 훗날을 준비해야 할 것이다.

고구려가 한국 문화사에서 비중이 클 수밖에 없는 이유 중의 하나는 불교를 처음으로 받아들였다는 것이다. 고구려는 372년에 중국으로부터 불교를 받아들이게 되는데 이것은 한국 고대사에서 가장 중요한 사건이라고 할 수 있다. 당시 불교는 하나의 종교에 그치는 것이 아니라 인도 문명과 중국 문명, 그리고 중앙아시아 문명을 아우르는 총체적인 문명 복합체라고 할 수 있다. 이것은 불교가 당시의 동아시아에서 보편 문명이었다는 것을 뜻하는데, 현대로 치면 서양 문명이 그런 역할을 하고 있다고 해야 할 것이다. 따라서 불교를 받아들였다는 것은 고구려가 더 이상 변방 국가가 아니라 보편적인 세계 질서에 편입되었다는 것을 뜻한다. 삼국 가운데 고구려는 이렇게 일찍 세계화에 편승했고 백제도 이어서 곧 불교를 받아들였다. 백제도 국제적인 국가가 된 것이다. 이에 비해 신라는 이 두 나라보다 약 150년 정도 늦게 불교를 받아들였는데 이것은 그만큼 신라가 세계 질서에 뒤쳐져 있었음을 의미한다. 그러나 한반도 내에서의 불교문화는 신라 대에 와서 꽃을 피우니 신라의 역할을 낮추어 평가해서는 안 될 것이다.

세계를 흥 넘치게 하라

한국 문화의 원형이
만들어지다!
백제의 역사적 의미

삼국 가운데 백제는 고구려의 형제 국가라 할 수 있다. 고구려를 세운 주몽의 아들 온조가 백제를 세웠으니 말이다. 온조는 형인 비류와 함께 한반도로 내려와 나라를 세우게 되는데, 비류는 지금의 인천 지역에 나라를 세웠고 온조는 수도를 현재 서울의 천호동 일대에 정하고 나라를 세웠다. 이 두 왕국 가운데 비류가 세운 것은 망하고 온조가 세운 것은 훗날 백제가 되었다는 것은 잘 알려진 사실이다.

온조는 수도에 왕성을 건설했는데 그것은 현재도 남아 있는 풍납토성과 몽촌토성이다. 이는 기원전 1세기 말에 있었던 일로, 비록 백제는 고구려와 형제 국가였지만 고구려와 끊임없는 전쟁을 겪으면서 많은 위협을 받았다. 5세기 중반에 고구려의 장수왕이 강한 군사를 이끌고 백제를 침공해 왔다. 이 전쟁으로 백제의 왕(개로왕)은 전사했고 그 영향으로 백제는 수도를 남쪽으로 옮길 수밖에 없었다. 처음에는 수도를 공주로 옮겼는데 땅이 너무 좁다고 여겨 다시 6세기 중반(538년)에 부여로 옮긴다. 우리에게 익숙한 백제는 이때부터 시작된다. 백제는 이 시기에 전성기를 맞이하기 때문이다.

그러나 안타깝게도 백제는 7세기 중반(660년)에 당과 신라의 침공을 받고 멸망해 한반도에서 사라진다. 그러나 그것은 정치적으로 그렇다는 것이지 백제의 문화는 소멸되지 않고 그대로 신라에 계승된다. 그리고 그렇게 형성된 신라의 문화는 고려와 조선을 거쳐 현대 한국에까지 전해진다. 이런 의미에서 백제 문화는 한국 문화의 원형이라고 할 수 있을 것이다. 그런데 백제 문화는 단순히 한반도를 대표하는 문화에 그치는 것이 아니라 세계적인 문화라 할 수 있다. 그 사정은 백제가 남긴 예술품들을 보면 잘 알 수 있다. 백제는 당시에 가장 한국적이면서도 국제적인 문화를 만들어냈다. 백제는 고구려 문화를 그대로 계승했기 때문에 한반도 고유의 요소를 살릴 수 있었다. 그런데 백제가 만일 여기서 그쳤으면 한반도에만 국한되는 국지적인local 문화를 만드는 것에 불과했을지도 모른다. 백제는 거기서 그치지 않고 당시 중화 문명을 대표한다고 할 수 있는 중국의 양梁나라와 적극적인 교류를 하면서 보편적인 국제 문화도 열렬히 받아들였다. 당시에 중국 문화는 동아시아를 대표하는 보편 문화라 할 수 있다. 백제는 이 같은 중국 문화를 받아들이면서 국제화에 성공하게 된다. 그리고 백제는 이 양 문화를 융합해 세계적인 문화를 만들어낸다.

그런데 어떤 의미에서 백제가 세계적인 문화를 만들어냈다고 하는 것일까? 이 사정을 알려면 아쉽게도 일본으로 가야 한다. 백제는 오래전에 망한 나라라 그 유적이 본국에는 별로 남아 있지 않기 때문이다. 원래 전쟁에 패한 나라는 문화나 유적이 제대로 남아 있지 못하는 법이다. 그런데 다행인 것은 과거에 백제는 일본과 매우 긴밀한 관계에 있었기 때문에 백제의 많은 유적이 일본에 전달되었고 그중의 일부가 아직까지 전해지고 있다는 사실이다. 이 가운데 우리의 주목을 끄는 것은 두 절에 있는 불상이다. 나라현 호류지法隆寺(법륭사)에 있는 관음불상과 교토시 고류지広隆寺(광륭사)에 있는 미륵반가상이 그것으로, 이 불상들은 모두 백제 양식으로 만들어진 것이다. 이 가운데 호류지의 불상은 아예 쿠다라칸논, 즉 백제관음百濟觀音으로 불리니 백제의 것임이 확연히 드러난다.

이 불상들이 세계적인 관심을 끈 것은 유럽의 최고 지성들이 이 불상에 매료되었기 때문이다. 호류지에 있는 불상을 두고 프랑스의 문화부 장관을 지냈을 뿐만 아니라 세계적인 작가였던 앙드레 말

| 호류지의 백제관음(좌)과 고류지의 미륵반가상(우)

로André Malraux는 비록 개인적인 의견이지만 인류가 만든 조각 가운데 세 손가락 안에 들어갈 수 있다고 격찬했다. 그런가 하면 고류지에 있는 불상을 두고 20세기 최고의 철학자 가운데 하나였던 독일의 카를 야스퍼스Karl Jaspers는 종교적 성상 가운데 최고라는 평을 남겼다. 야스퍼스는 자신이 유럽에서 기독교와 관계된 수많은 성상을 보았지만 이 불상처럼 인간의 욕망이 배제되어 있는 순수한 불상은 보지 못했다고 실토했다. 이외에도 세계적인 수준을 자랑하는 백제

세계를 홍 넘치게 하라

의 예술품들이 더 있지만 이 두 작품만 보아도 충분하겠다는 생각이다.

　백제가 이런 작품을 만들어낼 수 있었던 것은 그 문화가 세계적인 수준에 도달해 있었기 때문이다. 백제는 이 같은 문화를 만들어 놓고 역사 속으로 사라졌지만 이 문화는 통일 신라로 그대로 계승되어 신라 문화가 한반도의 대표 문화로서 꽃을 피우는 데에 결정적인 역할을 한다. 그런 의미에서 백제 문화가 없는 신라 문화는 성립되지 않는다고 할 수 있다.

한국 문화의 틀이
만들어지다
신라의 문화적 통일

적지 않은 한국인들은 신라가 외세인 당을 끌어들여 억지로 고구려
와 백제를 멸망시킨 데 대해 비난을 아끼지 않는다. 그 과정에서 영
토가 현 한반도의 3분의 2로 줄어들어 한국이 광활한 만주 땅을 잃
게 되었다는 것이 비난의 골자이다.

　　이것은 정치적인 시각에서 보는 관점인데 그 타당성에 대해서
는 여기서 논하지 않겠다. 그러나 확실한 것은 신라가 삼국의 문화
를 통일했고 그것이 현대 한국까지 이어져 왔다는 것이다. 삼국의
문화가 통일되었다는 것은 신라가 고구려를 이어받은 백제의 문화
를 그대로 전수받았기 때문에 가능한 주장이다. 그리고 그 문화는

하나의 원형이 되어 비록 적지 않은 변형이 있었지만 그 큰 틀은 현대 한국으로 고스란히 전승된다. 우리는 이러한 점에서 신라 통일의 의미를 찾을 수 있는데, 이제 그 의미를 하나씩 보기로 하자.

오늘날에도 발견되는 신라 문화의 흔적 가운데 가장 눈에 띄는 것은 한국인의 성씨다. 한국인의 성씨 가운데 가장 흔한 것은 김, 이, 박, 최, 정 같은 것인데, 이 가운데 김, 박, 최, 정 같은 대성은 신라

| 천마총 금관

대에 있던 것으로 그것이 오늘날까지 계승된 것이다. 현대 한국인들은 이 성씨들에 익숙한 나머지 한국인들이 이런 성씨를 갖는 것에 대해 별다른 의문을 갖지 않는다. 그러나 이것은 신라가 삼국을 통일했기 때문에 생긴 결과로 보아야 한다. 만일 고구려나 백제가 삼국을 통일했으면 이와는 전혀 다른 결과가 나왔을 것이다. 고구려나 백제에는 이런 성씨가 없었기 때문이다. 일례로 백제의 대성을 보면 부여나 사택, 연燕 등이 있는데, 이런 성은 지금 거의 사라져버렸다. 만일 백제가 삼국 통일을 했다면 현재 이런 성들이 제일

많이 남아 있었을 것이다. 이것은 고구려도 마찬가지라 더 이상 언급할 필요를 느끼지 못한다(고구려가 삼국을 통일했다면 아마 제일 흔한 성은 고씨가 되었을 것이다).

그런가 하면 오늘날 한국의 행정 구역인 도나 군 같은 것도 기본은 이때 만들어졌다. 신라가 삼국을 통일한 후에 만든 행정 체제가 이어져 온 것이다. 사실 오늘날처럼 도나 군을 나누는 행정 구역 설정은 그 초기 모습이 조선 초에 완성된 것이다. 그렇지만 그 기본적인 틀은 신라가 삼국 통일 이후에 만들었다는 것을 잊어서는 안 된다.

세계를 홍 넘치게 하라

통일 신라에서 완성되는
한국의 불교문화

한국인들이 사찰에 가는 것은 매우 흔한 일이다. 절이 전국에 즐비하기 때문이다. 절에 가면 절 건물이나 탑, 불상, 종 등과 같은 불교의 사물들을 쉽게 접하게 된다. 우리는 이 사물에 익숙한 나머지 대수롭지 않게 생각하지만 이 같은 불교의 사물들은 그 원형이 통일신라 시대라는 상당히 이른 시기에 만들어졌다는 사실을 기억해야한다.

불교의 사물 가운데 가장 중요한 것은 말할 것도 없이 불상과 탑과 범종이라고 할 수 있다. 어떤 사찰에 가도 대부분 이 세 가지는 있기 때문이다. 그런데 이 세 가지 사물은 그 최고의 표본이 바

| 석굴암

로 통일 신라 대에 만들어졌다는 것을 잊어서는 안 된다. 불상 중에
최고는 말할 것도 없이 석굴암의 본존불이고, 탑 중에 최고는 불국
사에 있는 석가탑이며, 범종 중에 최고는 에밀레종이기 때문이다.
그래서 이것들은 세계적으로도 인정받아 대부분 유네스코의 세계
유산에 등재되었다. 이 사물들은 모두 8세기 중엽이라는 시기에 만
들어졌는데 한국인들은 이 이후에 이것들보다 더 훌륭한 것을 만
들어내지 못했다. 그렇지 않은가? 한국의 전 역사 동안 석굴암 본
존불보다 훌륭한 불상이 나오지 않았고, 석가탑보다 뛰어난 석탑
이 없었으며, 에밀레종보다 나은 범종은 발견할 수 없지 않은가. 문

세계를 홍 넘치게 하라

| 석가탑(좌)과 성덕대왕신종(우)

화란 후대로 가면서 발전하는 것인데 이처럼 이른 시기에 최절정의 문화가 나온 것은 매우 이례적이라 하겠다.

　석굴암의 본존불은 불상 중에서 품격과 고전적인 미가 가장 뛰어나다고 할 수 있다. 그래서 지금도 절에 봉안되는 불상들을 보면 이 불상을 닮은 것이 제일 많다. 이것은 과거의 불상 가운데 제일 훌륭한 것을 본떠 불상을 만든 결과라 할 수 있다. 비근한 예가 조계사 대웅전의 불상이다. 십수 년 전에 한국 불교의 중심 사찰인 조계사의 대웅전에 불상을 새로 봉안했는데 이 새 불상도 석굴암의 본존불을 그대로 본뜬 것이었다.

이것은 탑도 마찬가지다. 한국의 불탑은 중국이나 일본의 불탑과 비교해서 그 큰 특징을 꼽는다면 돌로 만든 석탑이 가장 많다는 것이다. 중국의 경우에 벽돌탑이 주종을 이루고, 일본의 경우 목탑이 주종을 이루는 것과 큰 대조를 보인다. 그런데 이 한국적인 석탑이 석가탑에서 완성되었다고 했다. 석가탑은 아무 치장을 하지 않은 소박미와 최고의 비례를 자랑하는 고전미가 아우러져 만들어진 최고의 석탑으로 등극했다. 그런 까닭에 석가탑 이후에는 이 탑을 능가하는 탑이 만들어지지 않았다고 했는데 그것은 당연한 일이다. 일단 최고의 것이 나왔으면 그 뒤의 것은 최고가 될 수 없기 때문이다. 그런가 하면 성덕대왕신종이라는 정식 이름보다 에밀레종이라는 이름이 더 친숙한 이 종은 규모나 성능, 그리고 아름다움의 면에서 한국 최고를 자랑한다(아니 세계 최고라 해도 시비를 걸 사람이 없을 것 같다). 이 종을 한마디로 말하면 '세계에서 가장 아름다운 소리를 내는 종'이라고 해도 크게 틀리지 않을 것이다. 그러니 이 종 이후에 이것을 능가하는 종이 나오는 것은 애당초 그른 일 아니겠는가?

세계를 흥 넘치게 하라

사상적으로도 최고봉이었던
통일 신라

이렇게 몇 가지 예만 살펴보아도 한국의 불교문화는 통일 신라 대에 완성되었다는 것을 알 수 있지 않을까 싶다. 앞에서 본 것처럼 가장 한국적이면서도 세계적인 수준에 다다른 불교 사물들이 대부분 이때 만들어졌기 때문이다. 경주에는 불교 유물들이 이보다 훨씬 더 많이 있지만 이 같은 대표적인 유물만 보아도 당시의 문화 수준을 알 수 있을 것이다.

그런데 통일 신라는 이처럼 물질문화만 뛰어난 왕조가 아니었다. 사상적인 면에서도 한국 전 역사에서 최고봉을 자랑하기 때문이다. 한국은 지난 역사 동안 종교 사상적인 면에서 두 가지 사상을

| 원효

신봉했는데, 중국으로부터 받아들인 불교와 유교가 그것이다(여기서 한국의 고유 신앙인 샤머니즘은 예외로 한다). 그 역사도 오래되어 1,600년을 훌쩍 뛰어넘는 만큼 한국에서는 많은 사상가가 배출되었다.

이 종교들을 신봉한 사상가 가운데 가장 뛰어난 사람은 누구일까? 말할 것도 없이 신라 통일 전후기에 살았던 원효다. 이 시기에는 원효 외에도 의상, 대현, 경흥, 원측 등과 같은 뛰어난 승려가 대거 나타났다. 이들이 뛰어나다고 하는 것은 그들의 학문이 중국을 능가했기 때문이다. 중국은 당시 불교학에서 세계 최고의 수준을 자랑하고 있었다. 그런 중국의 승려들이 불교학을 연구할 때 앞에서 거론한 신라 승려들의 저작을 참조했다고 하니 이 신라 승려들의 학문적 수준이 어떠한지 알 수 있다.

예를 들어보면, 당시 중국의 화엄학은 세계적인 수준이었다. 중

세계를 흠 넘치게 하라

국 화엄종의 제3대 조사인 현수가 화엄경을 연구하다 의문 나는 게 있으면 원효에게 편지로 물어보았다는 것은 유명한 이야기다. 참고로 말하면 중국 승려 현수는 신라의 의상에게는 사제에 해당하는데 만일 중국에서 유학 중에 있었던 의상이 신라에 귀국하지 않았다면 그는 중국 화엄종의 제3대 조사가 될 수 있었다. 원효와 현수의 상황을 현대 상황으로 바꾸어서 보면 다음과 같을 것이다. 즉 미국의 유명한 신학자가 성서를 연구하다 막히게 되면 한국의 토종 신학자에게 도움을 청하는 것과 같다고 할 수 있다. 이런 일은 현대에는 일어나지 않는다. 미국과 한국의 신학 연구 수준이 차이가 많이 나기 때문이다.

앞에서 거론한 승려 가운데 원측의 경우는 조금 특이하다. 원효는 중국에 유학을 가지도 않고 동북아시아에서 최고의 승려가 됐는데, 원측은 완전한 유학파였다. 원측은 일찍 중국으로 가서 수학하다 후에《서유기》의 등장인물로 유명한 삼장법사 현장의 최고 제자가 된다. 그리고 그는 귀국하지 않고 중국에서 생을 마치게 된다(그를 기리기 위해 당나라 때 만든 탑은 아직도 중국 시안에 있다). 그는 학문적으로도 매우 뛰어난 승려였다. 그것은 다음의 한 가지 사실만 보아도 알 수 있다. 그가 집필한 책은 그 수준이 하도 뛰어나 티베트인들이 그들의 문자로 번역하여 티베트 대장경 속에 편입시켰다고 하는 것이 그것이다.

신라 통일 전후로 나타난 승려들은 이처럼 참으로 뛰어났다. 이러한 일은 그 이후의 시기에는 일어나지 않았다. 통일 신라 후기는 말할 것도 없고 고려나 조선에도 뛰어난 사상가들이 많이 있었지만 중국 사상가들을 능가하는 사상가는 없었다. 조선은 성리학에 목을 매고 산 왕조다. 그래서 무수한 성리학자들이 배출됐다. 그러나 그들 가운데 중국의 성리학자들이 성리학을 연구할 때 그들의 책을 참고했다는 이야기는 들어본 적이 없다. 퇴계나 율곡이 조선에서는 가장 뛰어난 성리학자이지만 이들의 저작이 중국에서 참고 도서로 대우받았던 것은 아니다(그러나 현대에는 일본과 중국 학자들이 이들의 저작을 연구하고 있다). 사정이 이렇게 된 것은 조선의 유학자들이 머리가 모자라서 그런 것이 아니라 그들 스스로 중국의 성리학을 넘어서지 않으려고 했기 때문일 것이다.

신라는 이 이외에도 금관 같은 뛰어난 유물을 많이 남겼지만 지금까지 본 불교 유물이나 사상가들만 가지고도 신라의 문화적 수준을 알 수 있겠다. 이처럼 물질적인 면과 정신적인 면에서 뛰어난 문화를 갖고 있었던 신라는 당시에 명실공히 세계적인 선진국임에 틀림없었을 것이다. 이 같은 신라의 문화는 그대로 그다음 왕조인 고려로 전해지고 다시 업그레이드되니 고려도 매우 뛰어난 문화를 가졌을 것이라는 건 쉽게 예상할 수 있을 것이다.

세계를 흥 넘치게 하라

코리아는
고려에서 유래

한국의 전체 역사에서 고려는 비교적 평화적으로 왕조를 교체했다는 점에서 높이 평가된다. 전 왕조인 신라가 고려를 세운 왕건에게 그들의 왕조를 헌납했기 때문에 고려는 전쟁을 하지 않고 평화적인 방법으로 왕조 교체를 달성할 수 있었다.

고려는 이런 정치적인 것보다 현대 한국인들에게 더 의미 있는 것이 있다. 한국의 공식적인 명칭 'Republic of Korea'에 나오는 'Korea'(영어) 혹은 'Corée'(불어)가 바로 '고려'라는 이름에서 비롯되었기 때문이다. 한국인들은 자기 나라를 '한국'이라고 부르고 있다. 이것이 국호이기 때문이다. 그렇다면 외국에서도 한국을 부를 때 'Hanguk'이라고 쓰고 그렇게 불러야 한다. 그런데 그렇게 하지 않고 'Korea'라고 하는 것은 이 이름이 진즉에 정해졌기 때문이다. 이 일이 벌어진 게 바로 고려 때였다.

고려는 무역을 중시해 많은 나라와 무역을 했다. 이때 고려에는 아랍계 상인들이 대거 왕래했다. 그들은 개성에 많이 거주했던 모양인데 그때의 상황은 〈쌍화점〉 같은 고려 가요를 보면 알 수 있다. 이 노래는 개성에서 만두 가게를 하고 있던 서역(중앙아시아)의 아랍계 남자와 고려 처녀가 정분이 난 모습을 그리고 있다. 이런 노래가 남아 있다는 것은 당시 개성에 얼마나 많은 아랍계 인사가 살았는가를 알 수 있게 해준다. 고려는 아랍 세계와 많은 교류가 있었기 때문에 자연스럽게 아랍 무역상들에 의해 아랍 세계 등으로 알려지기 시작했다. 그때 고려라는 이름이 외부로 알려져 코리아가 된 것이다.

세계를 흥 넘치게 하라

현존하는 가장 오래된
금속활자 인쇄본은 고려가 만든 것!

고려가 전 인류 역사에서 금속활자를 최초로 만들었다는 것을 모르는 한국인은 별로 없을 것이다. 그런데 한국 밖으로 나가면 사정이 달라진다. 외국인들에게 '누가 금속활자를 처음으로 발명했느냐'고 물으면 거의 대부분 '구텐베르크'라는 대답이 돌아온다. 한국인들은 자신들의 조상이 금속활자를 세계에서 처음으로 발명했다는 것을 상식처럼 알고 있는데 왜 외국인들은 그 사실을 전혀 모르고 있을까? 이것은 한국인들이 자국의 문화를 해외에 홍보하지 않았기 때문에 발생한 현상일 것이다.

고려가 금속활자를 발명했다는 역사적 사실이 어떤 의미를 갖

| 직지심체요절

는가에 대해서는 이 책의 앞부분에서 이미 언급했기 때문에 여기서 다시 말할 필요는 없다. 앞에서 언급하기를, 고려인들이 금속활자 같은 문화적인 사물을 인류사 처음으로 발명했다는 것은 고려가 당시 세계 최고의 선진국이었다는 것을 의미한다고 했다. 그런데 외국인들은 한국의 한 왕조(고려)가 금속활자를 인류 최초로 발명했다는 사실을 잘 믿지 않는다고 했다. 특히 서양인들은 어려서부터 금속활자는 독일의 구텐베르크가 최초로 발명했다고 배워왔기 때문에 더 믿지 않는다고 한다. 그런 상황에서 갑자기 금속활자의 최초 발명국이 독일이 아니라 한국이라고 하니 서양인들은 그 사실을 접했을 때 어안이 벙벙했을 것이다. 그들은 서양인의 입장에서 동북아시아의 변방 국가인 한국 같은 작은 나라가 금속활자의 최초 발명국이라는 사실을 받아들이기 싫었을 것이다.

이럴 때 한국인들에게는 그런 서양인들의 코를 납작하게 해줄 수 있는 유물이 있다. 인류 역사를 통틀어 금속활자로 인쇄된 책 가운데 가장 오래된 것이 한국 것이다. 그러니 이 책을 제시하면 서양인들도 어쩔 수 없이 한국이 금속활자 최초 발명국이라는 사실을 받아들일 수밖에 없을 것이다. 이 책은 잘 알려진 것처럼 1377년에 간행된《직지심체요절》(이하 직지)로 현재 파리에 있는 프랑스 국립도서관에 보관되어 있다. 이 책은 전 세계에서 금속활자로 인쇄된 모든 책 가운데 가장 오래된 것이다. 이 책은 희소성 때문에 2001년에 유네스코 세계기록문화유산으로 등재되었다. 이 책이 발견되기 전까지는 독일의 구텐베르크가 1455년에 간행한《42행 성서》가 가장 오래된 금속활자 인쇄본으로 인정되었다. 그러나 직지

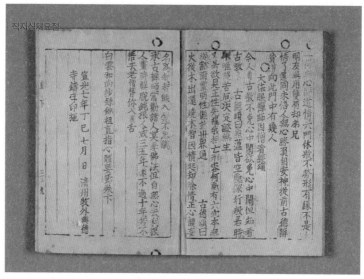

| 《직지심체요절》은 프랑스 국립도서관에 소장되어 있다.

가 1960년대에 한국의 문화 영웅인 박병선 박사에 의해 발견되면서 세계의 금속활자 연구사는 다시 쓰일 수밖에 없었다.

우리는 이 책이 쉽게 발견되고, 또 바로 세계적으로 인정받은 것으로 생각하기 쉬운데 현실은 전혀 그렇지 않다. 이 과정을 알려면 먼저 이 책이 프랑스에 있게 된 사연부터 알아야 한다. 이 책이 이렇게 지금까지 남을 수 있었던 데에는 콜랭 드 플랑시Collin de Plancy, 1853~1922라는 사람의 공이 지대하다. 플랑시는 조선에 부임한 최초의 프랑스 공사로 그가 이 책을 구입하여 프랑스로 가져간 것이다. 그 뒤에 이 책은 몇 사람의 손을 거쳐 프랑스 국립도서관에 기증되었는데 그 이후에 이 책을 기억하는 사람은 없었다. 우리의 박병선 박사가 발견하기 전까지는 말이다. 박병선 박사도 처음에는 이 책의 존재에 대해서 모르고 있었다. 그는 프랑스로 유학 가기 전에 스승으로부터 파리에 있다고 하는 조선의 서책을 찾아보라는 권유를 받았다. 그 스승은 바로 서울대 국사학과에 재직하고 있던 이병도 교수인데 그때까지도 그들은 직지의 존재에 대해서 잘 모르고 있었다. 이병도 교수가 찾아보라고 한 책은 프랑스 해군이 1866년에 강화도 외규장각에서 훔쳐간 《조선왕조의궤》였다.

박병선 박사는 1967년부터 《조선왕조의궤》를 찾기 시작했는데 바로 그해에 우연히 직지를 발견한 것이다. 사실 직지는 이전부터 동양학 관련 책들을 모아놓은 서고에 있었다. 그런데 프랑스 사

세계를 흥 넘치게 하라

서들은 이 책에 별 관심을 두지 않아 이 책이 얼마나 귀중한 책인지 잘 모르고 있었다. 그래서 박병선 박사는 어렵지 않게 이 책을 찾았다. 그런데 문제는 이 책이 금속활자로 인쇄된 것이라는 걸 밝혀내야만 하는 데에 있었다. 이 책이 가장 오래된 금속활자 인쇄본이라고 주장해 보아야 당시에 그것을 믿어줄 사람은 한 사람도 없었다. 프랑스 사람을 포함한 유럽인들은 가장 오래된 금속활자 인쇄본이 구텐베르크가 간행한 《42행 성서》라고 어릴 때부터 교육받아 왔기 때문이다. 그들은 금속활자 같은 최고의 문화물은 당연히 유럽에서 최초로 발명되어야지 아시아 동쪽 끝에 있는 한국 같은 보잘것없는 나라에서 발명될 수는 없다고 굳게 믿었던 것 같았다. 따라서 박병선 박사는 직지가 금속활자 인쇄본이라는 것을 확실하게 증명해야 했다.

이 작업을 행하는 데에 큰 문제가 있었으니 그것은 그때까지 금속활자에 대한 한국 학자들의 연구가 거의 없었다는 것이다. 낙심한 박병선 박사는 이에 굴하지 않고 직지가 금속활자로 인쇄되었다는 것을 증명하기 위해 자신의 몸을 던진다. 이 작업은 어렵고 고된 작업이었으며, 박병선 박사가 겪은 고생을 여기서 다 말할 수 없다. 일례로 그는 자신이 직접 활자를 만들어 실험을 했는데 그러는 과정에 하숙집에 불을 세 번이나 냈다고 한다. 흙으로 활자를 만들어 오븐에 굽다가 불을 낸 것이다. 어떻든 그는 이 같은 고된 과정을 거쳐서 드디어 1972년 이 사실을 공표하여 국제적으로 인정받게 된다. 공표한 뒤에도 박병선 박사는 현지의 인쇄업자나 출판업자, 언론계로부터 집요한 공격을 받았는데, 이론적으로 완벽하게 반박함으로써 그들의 의심을 잠재웠다. 그 결과 한국인들은 한국이 금속활자의 최초 발명국이라는 사실을 해외에 알릴 때 결정적인 증좌로 이 책을 활용할 수 있게 되었다. 이것은 모두 박병선 박사의 헌신적인 노력의 결과이니 그가 아니었으면 한국은 이 같은 명예를 누릴 수 없었을 것이다. 그런 점에서 그는 한국의 문화 영웅임이 틀림없다.

동아시아 최고의 불교대장경을
만든 나라도 고려!

고려의 인쇄술은 직지처럼 금속활자 인쇄본에서만 그 우수성을 발견할 수 있는 것이 아니다. 고려는 또 전 세계가 놀랄 만한 인쇄술 관련 유물을 만들어냈다. 바로 '고려대장경'(이하 대장경)이 그것이다. 정확히 말하면 '대장경판'이라고 해야 하는데 이것은 해인사에 보관되어 있는 8만여 장에 달하는 경판을 말한다.

한국인들은 어려서부터 이 대장경에 대해 많이 들어와서 이 경판이 얼마나 대단한 것인지 잘 모르는 것 같다. 우선 이 경판을 만드는 일이 얼마나 어려운지 모른다. 그뿐만 아니라 경비가 얼마나 많이 들어가는지도 모른다. 그리고 경판 만드는 일도 힘들지만 이

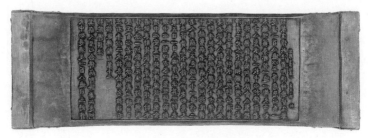

| 고려대장경판 중 다라니집경

것을 보관하는 일은 더 힘들다. 이 대장경은 약 800년 전에 만들어졌다(1251년에 완성). 나무로 만든 것 중에 이렇게 오랫동안 보존된 것은 그 유례를 찾기 힘들다. 나무는 불에 약하기 때문에 쉽게 타버릴 수 있다. 그래서 우리 주위에도 나무로 만든 사물 가운데 800년 이상 된 것은 없지 않은가? 목조 한옥 가운데에서 800년 이상 된 것은 찾기 힘들다. 있다 해도 그것은 중간에 많은 보수를 거쳤기 때문에 처음에 썼던 나무가 남아 있는 것은 아니다.

이 고려대장경이 지금까지 남아 있는 것은 기적에 가깝다. 지난 역사 동안 수많은 소멸 위기가 있었는데, 대표적으로는 네 번의 위기로 간추릴 수 있다. 첫 번째 위기는 조선 초에 있었다. 당시 일본 정부는 조선 정부를 향해 집요하게 대장경을 양도하라고 촉구했다. 자신들도 대장경을 만들고 싶었지만 기술력이나 문화력이 부족해 만들 수 없게 되자 조선 정부에게 대장경을 달라고 매달렸다. 당시

| 고려대장경이 보관되어 있는 해인사 판고

일본 정부는 거의 협박 수준으로 조선 정부를 을렀는데 조선은 슬기롭게 그 청을 물리쳐 대장경을 보존할 수 있었다.

　두 번째 위기는 임진왜란 때 있었다. 이 전쟁 때 조선에 있던 건물 등 나무로 만들어진 거의 모든 것은 일본군에 의해 소각되어 사라졌다. 지금 한국이 조선 초기에 건축된 건물을 거의 갖고 있지 못한 것은 임진왜란 때 입은 피해의 탓이 크다. 그런데 천우신조로 대장경은 기적적으로 살아남았다. 이것은 해인사의 승려와 의병들이 똘똘 뭉쳐 일본군과 목숨을 걸고 일전을 벌인 결과다. 당시 조선의 승병과 의병은 해인사에 있는 대장경을 탈취하기 위해 난입한 일본

군을 해인사 입구의 마지막 고개에서 물리쳤다고 한다. 이 덕에 대장경을 빼앗기지 않은 것이다. 이 이야기는 제대로 알려지지 않아 안타깝다.

세 번째 위기는 일제기에 첫 번째 총독이었던 데라우치가 대장경을 일본으로 가져가려고 했던 사건이다. 그런데 대장경의 양이 너무 많아(약 280톤) 운반 자체가 불가능해지자 조선총독부 측은 포기하게 된다.

마지막 네 번째 위기는 6·25 전쟁 때 있었다. 당시 인천상륙작전의 성공으로 퇴각로가 끊긴 북한군은 남한에서 빨치산 활동을 시작했다. 그때 그들의 거점(아지트)이 된 곳이 바로 산속에 있는 절이었다. 따라서 산사들은 미군과 한국 공군의 폭격 대상이 될 수밖에 없었다. 해인사도 예외가 아니었다. 미군으로부터 해인사 폭격 명령을 받은 사람은 한국 공군의 에이스인 김영환 대령이었다. 그는 자신의 편대를 끌고 해인사로 향했지만 미군의 지시를 어기고 폭격을 하지 않았다. 이유는 간단하다. 그는 그곳에 민족의 보물인 대장경이 있다는 것을 알고 있었기 때문이다. 그가 명령을 불복하고 돌아오자 당장 그날 밤 미군 관계자가 몰려와 김 대령을 문책했다. 그때 김 대령은 "당신들도 제2차 세계대전 때 파리에 있는 역사적인 유물을 지키기 위해 파리를 폭격 대상에서 제외하지 않았는가, 나도 우리의 보물인 대장경을 그런 마음으로 지켰다"라고 대답했다.

이 같은 그의 호소가 먹혀들어 김 대령은 문책당하지 않고 잘 넘어갈 수 있었다. 전시에 군인이 명령 불복종을 하면 사형까지 언도될 수 있는데 김 대령은 자신의 목숨을 걸고 대장경을 지킨 것이다.

이 같은 수많은 위기를 타개하고 대장경이 지금까지 보존된 것인데 이것은 거의 기적이라고 해야 할 것이다.

이 대장경은 한국을 넘어서 세계의 보물이라고 해야 한다. 따라서 세계기록유산에 등재된 것은 당연한 일이다. 고려대장경을 한마디로 표현하면, '한문으로 된 대장경판 중에 가장 오래되었으며 동시에 최고의 것'이라 할 수 있다. 고려대장경은 중국의 대장경을 본떠 만든 것이다. 그런데 중국 것은 모두 불타 없어졌기 때문에 고려대장경이 가장 오래된 경판이 되었다. 그런가 하면 고려대장경은 중국 것을 버전업해서 만들었기 때문에 최고의 것이 되었다. 그런 까닭으로 생각되는데, 그 뒤에 중국이나 대만, 일본 등지에서 대장경을 만들 때 항상 고려대장경을 표본으로 삼아 만들었다고 한다.

사람들은 대장경을 보고 별 감흥을 느끼지 않을 수 있는데, 대장경 만드는 일이 얼마나 힘든가를 알면 그런 소리를 안 할 것이다. 그 과정을 아주 간단하게 보면, 우선 나무를 수만 그루 잘라 바닷물에 2~3년간 담가둔다. 그런 다음 그것을 꺼내서 경판 모양으로 잘라 그늘에서 1년여 동안 말린다. 그러는 동안 원고를 작성해야 하는데 16여만 장에 달하는 한지에 5,200여만 자의 글자를 붓으로

써야 한다. 여기에 들어가는 인원이 약 5만 명이라고 한다. 그런 다음 그것을 나무에 붙이고 파기 시작한다. 이때 각수, 즉 파는 사람은 약 12만 명이 동원되었다고 한다. 이 사람들이 글자를 파는 정성이 장난이 아니다. 한 글자를 파기 위해 세 번이나 절했다고 하니 말이다(그러면 절을 한 횟수는 1억 5천만 번 이상이 된다). 글자를 파는 지난한 작업이 다 끝나면 그다음에는 경판을 임시로 인쇄한다. 이것은 교정 작업을 위해서다. 인쇄된 것을 원본과 꼼꼼하게 비교하면서 잘못된 글자를 찾아내야 한다. 틀린 글자가 있으면 그것을 파내고 새로 끼워 넣어야 하는데 이 작업도 1년여의 세월이 걸렸단다. 그게 끝난 후 옻을 칠하고 동銅으로 네 귀를 마구리하면 일단 작업이 끝나게 된다. 이렇게 했기 때문에 대장경을 만드는 데에 16년이라는 엄청난 세월이 걸린 것이다.

이 대장경 만드는 작업은 고려사 전체에서 가장 큰 사업이었다. 이 사업을 성공적으로 마치려면 어마어마한 비용을 들여야 하고 또 학문이나 문화 수준도 세계 최고 수준이어야 한다. 그런가 하면 웬만한 정치력 가지고는 이런 거대한 사업을 할 수 없다. 이 같은 사업은 왕을 중심으로 한 중앙 집권 체제가 제대로 확립된, 높은 정치력이 있는 나라에서나 가능한 일인 것이다. 앞에서 말한 대로 일본은 이 대장경을 그렇게 만들고 싶어 했지만 결국 성공하지 못한다. 우리는 이 같은 사실을 통해 다시금 고려라는 나라가 빼도 박도 못

세계를 홍 넘치게 하라

하는 선진국이었다는 사실을 실감할 수 있다.

　고려는 이 이외에도 많은 자랑거리를 갖고 있다. 이 자랑거리 가운데 청자는 수위에 속하는데 이에 대한 설명은 앞에서 했기 때문에 여기서는 생략한다. 그런가 하면 한국 고대사에 대한 결정적인 정보를 제공했다는 점에서 혁혁한 공로가 있는 《삼국사기》와 《삼국유사》가 만들어진 것도 이 고려 때의 일이다. 만일 이 두 서책이 없었다면 한국 고대사 연구는 애당초 가능하지 않았을 것이라는 점에서 이 두 책의 귀중함은 아무리 강조해도 지나치지 않을 것이다. 마지막으로 고려의 자랑거리를 보면, 낱개의 개물로는 고려 인삼은 천하제일이라는 평을 받고, 고려 불화는 송의 불화와 함께 세계적인 수준을 자랑한다. 고려에는 이렇게 천하제일인 것이 많다. 지금까지 본 것만으로도 고려가 세계 최고 수준의 나라였다는 것을 알 수 있을 것이다.

그러나 조선은
만만한 왕조가 아니다!

이제 우리는 마지막 왕조인 조선에까지 왔다. 현대 한국인들은 역대 왕조 가운데 고구려를 가장 높이 평가하는 것 같은데, 그에 비해 조선에 대해서는 그리 후한 점수를 주는 것 같지 않다. 앞에서 본 대로 고구려는 중국의 침략을 잘 막아낸 국가였지만, 조선은 중국에 사대만 하다 결국 또 다른 외국인 일본에게 망했으니 한국인들이 조선을 좋게 생각하지 않는 것도 이해는 된다.

이런 정황은 다른 데에서도 발견된다. 조선은 특히 외국 군대가 침입했을 때 유약한 태도를 보였다. 도무지 제대로 싸우지 못했던 것이다. 그 결정적인 예가 임진왜란이고 병자호란이다. 임진왜란 때에는 일본군이 침략할 것이라는 많은 조짐이 있었는데도 조선 정부는 이것을 모두 무시하고 전쟁 준비를 게을리했다. 그러다 실제로 일본군의 침략을 받았는데 초기에는 연전연패하다가 중국의 도움을 받아 가까스로 일본군을 물리치게 된다(물론 이순신의 활약도 일본군을 물리치는 데 일조를 했다). 그런가 하면 임진왜란을 당한 지 몇십 년도 안 되어서 이번에는 여진족한테 형편없이 당했다. 이 전쟁은 병자호란인데 조선은 또 외침에 제대로 대비하지 못했던 것이다. 그렇게 착오를 거듭하다 20세기에 들어 드디어 한국 역사상 최초로 조선은 다른 나라의 식민지가 된다. 대체로 조선은 한국인들에게 이런 인상으로 비추어지지 않았을까 하는 생각이 든다. 이런 시각에서 보면 현대 한국인들이 조선을 힘껏 비판해도 조선의 위정자들은 할 말이 없을 것 같다.

지금까지 본 조선에 대한 평가는 틀린 것이 아니다. 분명 조선은 비판받을 만한 요소를 많이 갖고 있는 왕조다. 그러나 그것은 조선을 부정적으로만 본 시각이다. 조선을 하나의 고정된 시각으로만 보는 편협한 견해라 할 수 있다. 어떤 사안을 볼 때 하나의 시각으로만 접근하면 그릇된 견해를 가질 가능성이 크다. 따라서 조선을 제대로 이해하려면 위에서 본 부정적인 시각 이외에 더 포괄적인 시각으로 접근할 필요가 있다. 그렇게 접근해야 조선에 대한 전체적인 이해가 가능할 것이다.

우리는 이 시점에서 이런 질문을 던질 수 있다. 만일 조선이 그렇게 별 볼 일 없는 나라였다면 어떻게 왕조가 500년 이상 지속될 수 있었느냐는 것이다. 상식대로만 생각했을 때 조선이 무능하고 유약한 왕조였다면 결코 오래 지속될 수 없었을 것이다. 그런데 그와는 달리 조선이 오랫동안 지속되었다는 것은 조선이 훌륭한 왕조였다는 것을 보여주는 것 아닐까 하는 추단을 가능하게 한다. 인류 역사를 보면 한 왕조가 이렇게 오래 지속된 예는 그리 많지 않다. 멀리 갈 것 없이 가까운 중국만 보아도 그 사정을 알 수 있다. 중국의 왕조 가운데에 300년 이상 지속된 왕조는 그리 많지 않다. 중국 문화가 가장 융성했던 당나라도 300년이 안 되어 망했다. 이렇게 왕조의 수명이 짧은 것은 좋은 정치가 시행되지 않았기 때문이라고 할 수 있다.

반면 조선은 매우 뛰어난 정치 문화를 가졌기에 장수가 가능했던 것인데, 이에 대해서는 이 책의 서두에서 언급했다. 과거의 왕조들을 보면 왕이 권력을 지나치게 많이 갖고 있어 그 힘을 남용하다가 망하는 사례가 많은데 조선은 그렇지 않다고 했다. 조선은 정치 체제 안에 신하들이 왕의 권력을 견제할 수 있는 장치가 있었기 때문에 이런 일이 가능했던 것이다. 과거 인류 역사를 보면 봉건 왕조 시절에 왕권이 이렇게 제약받는 사례는 찾아보기 힘들다. 그러나 조선은 왕권이 신권臣權에 의해 크게 제재를 받았는데, 그런 시각에

세계를 흥 넘치게 하라

| 종묘. 조선의 역대 왕과 왕후의 위패를 모신 유교 사당이다.

서 보면 조선은 중국보다 더 선진화된 정치 체제를 갖고 있었다고
해야 할 것이다. 조선은 유교적인 정치를 실현하려고 갖은 노력을
한 나라로, 유교의 본향인 중국보다 더 나은 정치를 보여주었기 때
문이다.

　조선의 문화가 결코 열등한 것이 아니라는 것을 증명해 줄 수
있는 두 번째 증좌가 있다. 현대 한국의 모습이 바로 그것이다. 앞
에서 이미 밝힌 것이지만 한국은 경제 발전과 민주주의 실현이라는
두 마리 토끼를 다 잡은 나라인데, 전 세계에서 가장 가난한 국가였
던 한국이 이렇게 명실공히 선진국으로 진입한 것은 현대뿐만 아니

| 퇴계 이황을 기리기 위해 건립된 도산서원. 서원은 조선 시대에 선비가 모여서 학문을 강론하고, 유교의 성현을 제사 지내던 곳이다.

라 인류사 전체에서도 그 유례를 찾아보기 힘든 사례라고 했다. 이런 한국을 두고 특히 서구 학자들은 도대체 한국의 어떤 면 때문에 이런 일이 가능했는지 매우 궁금해했다. 이에 대한 연구 가운데 특히 눈에 띄는 사례 하나만 보자.

미국의 정치학자 새뮤얼 헌팅턴Samuel Huntington은 그 분야에서 세계적인 대가로 손꼽히는 사람이다. 그의 저서인《문명의 충돌》은 정치학계뿐만 아니라 세계의 지성계에서 역저로 유명하다. 그런 그가 한국에 관심을 가졌다. 1960년대에 세계에서 가장 형편없는 국

세계를 흥 넘치게 하라

가 중의 하나였던 한국이 1990년대 이후에 엄청난 발전을 이루게 된 데에 어떤 요인이 작동했는지 궁금했던 것이다. 그런 끝에 그가 내린 결론은 한국은 여타의 후진국과는 다른 문화를 갖고 있었다는 것이었다. 그런 문화 가운데에서도 그는 정신적인 덕목을 높이 평가했다. 그에 따르면 한국이 성공할 수 있었던 배경에는 한국인의 검약 정신과 근면함, 그리고 높은 교육열, 개인보다 집단을 중시하는 조직 정신, 기강 확립의 중시, 극기 정신 등과 같은 요인이 있었다는 것이다. 나도 그의 의견에 동의하는데, 이 덕목들을 자세히 살펴보면 과연 이런 덕목들이 나타나게 된 배경이 무엇일까 하는 데에 의문을 표하지 않을 수 없다. 답은 의외로 명확하다. 이런 덕목은 유교를 신봉하는 사람들에게서 나올 수 있는 것이기 때문이다. 유교만큼 교육을 강조한 가르침도 없고, 자신을 제어하면서 전체를 위해 봉사하라고 권하는 가르침도 흔하지 않다. 헌팅턴이 제시한 덕목을 한마디로 표현한다면, 그것은 유교의 선비라면 분명히 갖고 있을 덕목이라 할 수 있다. 같은 맥락에서 싱가포르를 선진국 반열에 올렸던 리콴유李光耀 수상 역시 비슷한 주장을 했다. 리콴유도 이러한 정신을 강조했는데, 그는 이 이념을 신유교자본주의의 정신이라고 하면서 한껏 추켜세웠다.

이 정도만 보아도 우리는 조선이 얼마나 훌륭한 문화를 갖고 있었는지 알 수 있지 않을까 싶다. 제2차 세계대전이 끝나고 식민지에서 해방된 수많은 나라가 잘살아 보려고 많은 노력을 기울였지만, 단일 국가로는 한국만이 큰 성공을 거둘 수 있었다. 이것은 한국인에게는 조선의 뛰어난 문화, 그중에서도 유교가 기반이 된 드높은 정신문화가 있었기 때문에 가능했던 것이다. 그동안 한국인들은 유교에 너무 익숙한 나머지 이런 사실을 눈치채지 못하고 있었다. 그러나 유교를 객관적으로 바라볼 수 있었던 외부 학자의 눈에는 이러한 사실이 너무나 당연하게 보였던 것이다.

그러면 조선을
어떻게 이해하면 좋을까?

조선은 文의 나라

그렇다면 우리는 조선을 어떻게 보면 좋을까? 어떤 왕조로 이해하면 좋겠냐는 것이다. 한마디로 말한다면, 한반도에 존재했던 다른 왕조와 비교해 볼 때 조선은 문文을 강조한 왕조라고 할 수 있다. 여기서 말하는 문은 인문학을 통칭하는 것이다. 이 관점에서 조선을 보면, 조선은 새로운 문자를 발명하고, 활자와 인쇄 문화가 융성했으며, 무엇보다도 책을 중시했고, 역사 기록에 심혈을 기울인 왕조라고 할 수 있다.

이처럼 조선은 물질적인 것보다 인간의 정신적인 면을 함양하고 발전시키는 데 역점을 두었다. 따라서 조선은 교육을 매우 강조

| 김홍도의 〈서당〉

하게 되는데, 이것은 공자의 가르침을 그대로 따른 결과라고 할 수 있다. 공자에 따르면 인간성을 계발하기 위해서는 교육 이외에 다른 방법이 없다. 이러한 경향은 조선의 교육 체제를 보면 쉽게 알 수 있다. 조선 사회에서 양인 이상의 남자들은 7세 정도가 되면 서당에 가서 한문으로 된 고전을 공부하기 시작한다. 이 교육 과정은 천자문으로 시작해서 사서삼경으로 끝나는데, 이 과정은 사실 엄청난 것이다. 물론 이 과정을 다 마치는 사람은 많지 않았겠지만 원리적으로는 누구에게나 열려 있는 과정이었다. 한국인들은 이 관습에 익숙해 이러한 사실이 얼마나 대단한 것인지 잘 모르고 있는 것 같다. 전근대 사회에서 일반 국민들이 원하기만 하면 그 사회에서 가장 중시하는 고전들을 배울 수 있는 기회를 준 나라는 그리 많지 않을 것이다.

이런 사실을 증명해 줄 수 있는 좋은 예가 있어 소개해야겠다. 1866년에 일어난 병인양요 때의 일이다. 병인양요는 프랑스 해군

세계를 흥 넘치게 하라

이 강화도를 습격하고 약탈한 사건을 말한다. 이때 프랑스 해군은 강화도에 소재한 조선 왕실 도서관인 외규장각에서 《조선왕조의 궤》를 강탈해 간다(이 의궤는 2011년 한국에 반환된다). 여기서 우리가 관심 있는 것은 이 의궤의 약탈과 반환에 대한 것이 아니라 이 소동 때 어떤 프랑스 해군 장교가 했다는 말이다. 그는 조선의 가옥에 가서 보고 깜짝 놀라면서 다음과 같은 말을 남겼다고 전해진다. "이곳에는 가난한 집에도 책이 있다. 이것이 우리의 자존심을 상하게 한다"라고 말이다. 이 책들은 보나마나 《천자문》이나 《소학》 같은 서당에서 배우는 책이었을 것이다. 한국인들에게는 이런 모습이 전혀 이상하지 않다. 그러나 프랑스인이 보기에는 뜻밖이었던 모양이다. 이 사람의 말로 미루어 짐작하건대 프랑스에서는 당시까지만 해도 일반 국민들이 자기 집에 책을 소유하고 있으면서 교육받을 수 있는 환경이 아니었던 모양이다.

이 같은 사소한 사례를 통해 보더라도 조선 사람들이 무척 배움을 강조했다는 것을 알 수 있다. 그런데 이때 배우는 책은 어떤 내용으로 되어 있는가? 이 과정에서 교과서로 쓰였던 '소학'이나 '통감', '사서' 등을 통해 보면, 이 교육은 모두 인격 수양과 인간의 역사와 관계된 것이었다. 이 두 주제는 한 개인이 훌륭한 인간으로 되기 위해 반드시 탐구해야 하는 것이다. 조선은 어떤 것보다 이 주제에 역점을 두어 사람들을 교육시켰다. 따라서 그 자연스러운 결과로 생각되는데 이런 교육을 받은 조선 사람들은 매우 높은 교양을 가졌을 것이고 그 결과 훌륭한 문화를 창출할 수 있었을 것이다.

그런데 재미있는 것은 조선이 이처럼 문의 문화만을 강조한 나머지 물질문화는 외려 고려 때보다 퇴보했다는 사실이다. 고려는 물질문화에 대해서 많은 관심을 갖고 발전시켰기 때문에 훌륭한 기물들을 많이 탄생시켰다. 대표적인 예는 말할 것도 없이 고려청자다. 청자에 대해서는 앞에서 언급했으니 다시 거론하지 않아도 되겠지만, 이 그릇은 실용적인 면과 미적인 면에서 세계 최고를 자랑한다. 하지만 조선은 그릇 같은 물질문화에는 관심을 두지 않아 도자기 만드는 기술을 그다지 발전시키지 않는다. 그래서 조선 후기가 되면 이웃 나라인 중국이나 일본은 도자기 제조 기술이 엄청나게 발전하는데 조선은 답보 상태를 면치 못하게 된다. 중국이나 일본의 그릇들은 유럽에 많은 양이 수출되었던 것에 비해 조선의 그릇들은 외국인들의 관심을 끌기에 조야한 수준이었다(그렇다고 조선 그릇의 미적 수준이 떨어졌다는 것은 아니다).

대표적인 물질문화라 할 수 있는 건축 분야도 마찬가지다. 조선 사람들은 아름답고 화려하며 웅장한 건물을 짓는 데에는 별 관심이 없었다. 이것은 조선의 서원들을 보면 알 수 있다. 서원 가운데에는 불교의 사찰처럼 화려하고 웅장하게 지은 것이 하나도 없다. 수수하고 검박하게 지은 것뿐이다. 조선 사람들은 집이란 그저

세계를 홍 넘치게 하라

| 부석사 무량수전

사람이 살 수 있기만 하면 되는 것이지 크게 짓거나 아름답게 치장할 필요가 없다고 생각했다. 그래서 그들은 집을 필요 이상으로 치장하는 것을 삼갔다. 이러한 사정은 한국의 현대 건축가들이 뽑은 가장 아름다운 전통 건물이 어떤 시대의 것인지를 보면 알 수 있다. 현대 건축가들은 지금 남아 있는 전통 건물 가운데 가장 아름다운 건물로 조선이 아니라 고려 때 만들어진 부석사의 무량수전을 선정했다. 무량수전이 어떤 건물인가? 무량수전은 고려의 수도인 개경에서 멀리 떨어져 있고, 또 산속에 만든 건물이다. 따라서 이 건물은 당시 사람들이 크게 신경 쓰지 않고 만든 건물이라 할 수 있는

데, 그런 건물이 미적인 면에서 수많은 조선 건축을 능가했다고 하니 놀라운 것이다. 이런 사실을 통해 우리는 조선 사람들의 에너지는 물질문화가 아니라 천생天生 책과 교육과 관련된 인문학 쪽으로 경도되었다는 것을 다시 한번 확인할 수 있다.

마지막으로 조선이 얼마나 인문학을 중요시 여긴 왕조였는가를 알게 해주는 예 하나만 더 살펴보자. 이 사정은 유네스코에 등재된 세계기록유산을 통해 알 수 있다. 유네스코에서는 인류가 같이 보존해야 할 책이나 문헌, 악보 등 다양한 기록물들을 선정해 '세계기록유산'으로 등재하고 있다. 현재 이 목록에는 약 400여 개의 세계적인 기록물들이 등재되어 있는데 한국 것은 16개에 달한다. 그런데 이 숫자가 장난이 아니다. 순위로 보면 한국은 세계 4위이며 아시아에서는 부동의 1위이기 때문이다. 이것만 보아도 한국은 대단한 문화 국가라는 것을 알 수 있는데, 더더욱 놀라운 것은 이 16개 가운데 조선의 것이 11개나 된다는 것이다. 이 같은 기록물을 11개 이상 가진 나라는 전 세계적으로 약 10개국밖에 되지 않는다. 대부분의 국가는 10개 미만의 기록유산을 갖고 있을 뿐이다. 그런데 조선은 일개 왕조인데도 불구하고 이렇게 많은 기록유산을 갖고 있으니 조선이 문화적으로 얼마나 앞선 나라인지 알 수 있는 것이다. 따라서 앞으로의 설명은 이 세계기록유산을 중심으로 해나갈까 한다.

세계를 홍 넘치게 하라

인류 최고의 문자인
한글의 탄생

한국사 전체를 통틀어 최고의 황금기 가운데 하나를 꼽으라면 세종이 재위했던 시기를 드는 데에 반대할 사람은 별로 없을 것이다. 세종이라는 분은 전 인류 역사에서 발견하기 힘든 천재 중의 천재라고 할 수 있다. 그는 당시의 조선을 과학 분야에서 최고 강국으로 만들었고, 출판문화도 세계 선도의 자리를 차지하게 했으며, 중국에서는 소멸된 궁중 음악도 복원했고, 전 왕조인 고려의 역사도 정리해서 정사正史를 만드는 등 삶의 모든 분야에서 뚜렷한 업적을 낸 위대한 왕이었다. 그뿐 아니라 정치적인 면에서도 두각을 나타냈는데, 압록강과 두만강으로 이어지는 현재의 국경이 정해진 것도 세종이 국토 확장에 힘쓴 결과라 할 수 있다.

그러나 세종 하면 한글이 떠오르듯 그의 업적 중에 최고의 것은 말할 것도 없이 한글, 즉 훈민정음의 창제다. 세종의 한글 창제는 전체 인류사에서 그 유례를 찾아볼 수 없는 신이한 일이라 할 수 있다. 왜냐하면 새로운 문자, 그것도 인류 최고의 문자를 만든다는 것은 결코 한 개인이 할 수 없는 일인데 세종은 이처럼 불가능한 일을 해냈기 때문이다. 한글 창제 작업은 세종의 비밀 프로젝트라고 할 수 있을 정도로 보안이 엄중하게 유지된 상태에서 진행되었다. 세종은 명나라의 간섭이나 신하들의 거센 반대가 있을 것을 예견했기에 다른 사람이 아닌 자신의 자식들과만 한글 만드는 작업을 진행했다.

많은 역사책에는 이런 사실이 제대로 서술되어 있지 않은데 가장 큰 오해는 세종이 집현전 학사들과 한글을 만들었다는 것이다. 이것은 사실이 아니다. 한글은 오로지 세종의 단독 창작물이고 집현전 학사들은 한글 창제 이후에나 세종의 작업에 동참하게 된다. 그들이 세종과 했던 일은 한글을 연구하여 해설서를 만드는 일이었다. 이 과정을 정확히 보면 다음과 같다. 1443년에 세종은 한글 자모 스물여덟 자를 갑자기 발표한다. 이 같은 발표가 있자 최만리를 비롯한 신하들이 거세게 반발했다는 것은 잘 알려진 사실이다. 세종은 이것을 잠재우고 정인지를 위시해 자신을 따르는 집현전 학사

세계를 홍 넘치게 하라

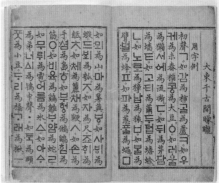

| 훈민정음 해례본

들에게 새로운 문자인 한글을 설명하는 책을 만들라고 지시했는데 그 결과가 《훈민정음 해례본》인 것이다. 이 책이 간행된 것은 훈민 정음이 창제된 3년 뒤인 1446년의 일이다.

이 책은 전 인류 역사에 유례가 없는 책이라 당연히 1997년에 유네스코 세계기록유산으로 등재된다. 전체 인류사를 보면 한 개인 이 문자를 창제한 일은 지극히 드문 일인데, 그것에 그치지 않고 그 문자를 만든 원리나 발음 등에 대해 상세하게 적은 책을 발간하는 일은 아예 없었다. 그래서 이 책이 세계기록유산에 등재되는 것은 너무나 자연스러운 일이었다. 우리는 이 책 때문에 한글의 모든 것 을 알게 되었고 그 우수성을 전 세계에 객관적으로 알릴 수 있었다. 만일 이 책이 없었다면 세종의 뜻을 알 수 없었기에 한글이 문자로

| 훈민정음 언해본

서 얼마나 대단한 것인지 파악할 수 없었을 것이다.

한글의 우수한 점을 설명하려면 단행본이 필요할 정도로 많은 것을 나열할 수 있다. 이 지면에서는 그것을 다 살필 수 없으니 가장 핵심적인 것만 볼까 한다. 흔히들 한글은 가장 과학적인 문자라고 하는데 실제로 어떤 면이 그러한지에 대해서는 아는 사람이 별로 없는 것 같다. 여기서는 한글의 이러한 면을 중심으로 간략하게 설명하려고 한다. 우선 결론부터 말하면 '한글은 소리를 바탕으로 그 소리와 글자의 상관관계까지 생각해 만든 글자'라는 것이다. 그

세계를 흥 넘치게 하라

래서 한글을 두고 '소리 바탕 글자'라고 하는 학자도 있다.

다소 어려워지는 느낌인데 이에 대해 알려면 우선 한글 자음의 형성 배경에 대해 알아보아야 한다. 한글 자음의 기본 글자는 5개다. 'ㄱ, ㄴ, ㅁ, ㅅ, ㅇ'이 그것인데, 우리는 이 글자들이 발성기관이나 발성되는 모습을 본떠 만들어졌다는 사실을 알고 있다. 그 내용이 해례본에 쓰여 있기 때문에 알게 된 것이다. 해례본이 발견되기 전에는 이 사실을 알지 못하고 있었으니 이 책이 얼마나 중요한 책인지 알 수 있다. 어떻든 한글 자음은 이 다섯 글자를 기본으로 이 글자에 선을 하나 더 긋든지(예: ㄱ → ㅋ), 아니면 글자를 겹치든지(예: ㄱ → ㄲ) 해서 다른 글자를 만들었다. 그러나 글자가 되려면 모음이 필요한 법이라 이 자음과 모음을 결합해 글자를 완성했다. 그리고 필요한 경우에는 받침을 추가하기도 했다.

한글이 배우기 쉬운 문자라고 하는데 그렇게 된 이유 중의 하나는 앞에서 본 것처럼 기본 자음이 5개밖에 없기 때문이다. 그리고 다른 자음은 이 기본 자음에 약간의 변형을 가해 만들었기 때문에 익히는 데 전혀 힘이 들지 않는다. 그냥 덤으로 따라오는 것 같은 느낌이다. 그래서 한글은 쉽게 배울 수 있을 뿐만 아니라 빠르게 배울 수 있는 것이다. 실험에 따르면, 대학교 이상의 학력을 가진 외국인들에게 한글을 가르쳐본 결과 1시간이면 그들은 간단한 한글을 쓸 수 있었다고 한다. 이것은 대단히 경이로운 일이다. 불과 한

시간 안에 새로운 외국 문자를 습득한다는 것은 있을 수 없는 일이기 때문이다. 나는 이 내용이 믿기지 않아 실제로 실험해 보았는데, 그때 보니 분명 외국인 수강생들은 한 번의 수업으로 자신의 이름 같은 간단한 한글을 쓸 수 있었다.

그런데 한글은 글자 구성이 남다른 데가 있다. 잘 알려진 대로 한글은 자음과 모음이 합쳐져 한 글자를 이루는데, 그 배합 방식이 남다르다. 특히 자음과 모음을 구별하지 않고 그냥 나열해서 글자를 만드는 로마 알파벳과는 많은 차이를 보인다. 어떻게 차이가 날까? 예를 들어 한글로는 '북'이라는 글자를 만들 때 'ㅂㅜㄱ'과 같은 식으로 글자를 나열하지 않고 글자들을 조합해서 '북'이라고 하지만, 영어로는 'buk'처럼 글자를 그냥 나열해서 쓰는 것이 그것이다. 현대 한국인들은 모음인 'ㅏ' 혹은 'ㅜ' 같은 글자를 아무렇지도 않게 사용하고 있지만, 한글처럼 모음에 자음과 완전하게 구별되는 글자를 부여한 문자는 일찍이 없었다고 한다.《한글의 탄생》이라는 명저를 쓴 노마 히데키野間秀樹에 따르면 전 세계 문자 가운데 모음에 독립적인 글자를 부여한 것은 세종이 처음이었다고 한다.

한글의 진정한 과학성은 여기에!

한글의 우수성은 아직 끝나지 않았다. 세계 언어학자들을 놀라게 만든 것은 세종이 한글을 창작할 때 소리와의 상관관계까지 생각해서 만들었다는 사실이다. 이것이 무슨 말인지 예를 들어 설명해 보자.

영어에서 'city'라는 단어를 발음할 때 '시티'라고도 하지만 그보다는 '시리[siri]'라고 발음하는 경우가 더 많다. 그리고 'huntington'은 '헌팅턴'이라고도 하지만 '허닝턴[hənɪŋtən]'이라고 하는 경우가더 많다. 이 예를 통해서 보면 자음인 'r, l, t, n'은 그 발음이 비슷해 이처럼 서로 혼용되고 있음을 알 수 있다. 그래서 city가 'siri'로 발음되고 huntington이 'hənɪŋtən'으로 발음되는 것이다. 이것은 이 네 글자가 비슷한 음가를 갖고 있기 때문에 일어난 현상이다. 그런데 한눈에 봐도 영어에서는 이 네 글자가 아무런 상관관계 없이 만들어진 것을 알 수 있다. 어떤 원리에 입각해서 만들어진 게 아니고 그냥 그렇게 만들어진 것이다. 문자가 오랜 기간 동안 민간에서 쓰이면서 무슨 이유인지 몰라도 글자가 그렇게 형성된 것이다. 그 때문으로 생각되는데, 로마 글자에는 혼동되는 글자가 많다. 예를 들어 나는 영어를 배울 때 't'와 'f'가 생긴 것이 비슷해 혼동을 많이 했다. 그런가 하면 'l'과 'I'는 자음과 모음인데도 불구하고 생긴 것이 너무 비슷해 구분을 잘 하지 못했던 기억도 있다. 이처럼 영어는 글자 사이에 아무 상관관계가 없기 때문에 모든 글자를 따로따로 외워야 했다(그래서 영어를 배울 당시 나는 필기체까지 모두 암기하는 데에 수 주일 걸렸다).

그러나 세종은 이 글자들(r, l, t, n) 사이에 깊은 상관관계가 있다는 것을 알아챘다. 세종이 보기에 이 문자들이 내는 소리는 혓소리라는 같은 그룹에 속해 있었다. 혓소리란 혀를 움직여서 내는 소리라는 것이다. 그래서 그는 이 음들을 같은 그룹에 넣어서 글자를 만들었다. 즉 'ㄴ(n) → ㄷ → ㅌ(t) → ㄸ → ㄹ(l, r)'이 그것이다. 한글이 과학적으로 만들어졌다는 것은 바로 이렇게 문자를 만들 때 소리까지 생각해서 만들었다는 데에 있다. 쉽게 말해 비슷한 소리를 내는 글자는 그 생김새도 비슷하다는 것이다. 이런 문자는 더 이

세계를 홍 넘치게 하라

상 없기 때문에 한글을 접한 세계의 언어학자들이 찬탄을 금치 못하는 것이다.

이 이외에도 한글은 수많은 장점과 가능성이 있지만 지면의 제약상 여기서 그치는 것이 낫겠다. 그런데 한글의 모음이 갖는 탁월함에 대해서는 한마디 하지 않고는 갈 수 없겠다는 생각이다. 세종이 모음을 만든 것을 보면 그의 천재성이 다시금 빛난다. 그는 그복잡한 모음을 점 하나와 작대기 두 개, 즉 'ㆍ'와 'ㅡ'와 'ㅣ'라는 세 글자로 해결해 버렸다. 이 세 요소를 적절히 섞어 세계의 어떤 문자보다도 많은 모음을 만들어낸 것이다. 세상에서 가장 어려운 일 중의 하나는 간단한 것을 가지고 복잡한 것을 만들어내는 것인데 세종은 모음을 만들 때 이런 일을 한 것이다.

한글은 디지털 기술이 극도로 발전한 현대에 와서 다시 그 저력이 발휘되었다. 가장 두드러진 예는 전화기 문자판에서 보이는 한글의 저력 아닐까 한다. 10여 개에 달하는 문자판에 문자를 다 넣고도 개개 문자판이 남는 문자는 한글밖에 없을 것이다(정확히 말하면 한글은 10개의 문자판에 들어가 있다). 이것은 한글이 앞에서 본 것처럼 지극히 과학적으로 만들어졌고, 더 구체적으로는 한글의 모음이 단지 3개로 이루어졌기 때문에 가능한 일일 것이다.

인문학과 과학이
세계 최고 수준이었던 조선 초

한글이 창제된 조선 초는 조금 이해하기 힘든 면이 있다. 왜냐하면 보통 한 왕조의 전성기는 세월이 지나 문화력이나 기술력이 쌓이면서 천천히 도래하는 경우가 많은데, 조선의 경우는 그렇지 않았기 때문이다. 특히 인문학 같은 순수 학문은 하루아침에 정점에 다다를 수 없다. 그런데 조선은 나라가 건국되자마자 인문학이 중심이 된 정신문화가 갑자기 융성하기 시작했다.

어떤 점에서 조선 초의 인문학이 융성했다는 것일까? 그 대표적인 것은 말할 것도 없이 한글의 탄생이다. 한국인들은 한글 같은 인류 최고의 문화물이 왕조 초기에 만들어진 것에 대해 별 의문을 갖지 않는다. 그러나 한 번만 생각해 보면 이것은 매우 이상한 일인 것을 알 수 있다. 왕조가 새로 세워지면 정치적인 기틀을 잡는 데 힘을 써야 하기 때문에 문화에는 힘을 쓸 여력이 많지 않다. 그런데 조선은 나라가 세워지자마자 바로 문화의 최고 융성기를 맞이하게 되니 이상한 것이다. 이에 대해 한국사 전공자들은 별다른 해답을 내놓지 않는다.

그러나 동북아시아의 역사를 전공한 학자들은 이에 대해 매우 참신한 견해를 내놓는다. 특히 몽골 역사를 연구한 학자들은 조선 초에 그렇게 문화나 과학이 융성할 수 있었던 것은 당연한 일이라고 주장한다. 그 이유를 들어보면 매우 일리가 있다. 조선은 고려의 모든 것을 이어받은 왕조다. 그런데 그 고려는 어떤 나라였는가? 고려는 세계 최고 수준의 문화와 과학을 지니고 있었다. 잘 알려진 것처럼 고려는 마지막 100년 동안 원의 지배하에 있었다. 그런데 원이 어떤 나라인가? 당시 원은 모든 면에서 세계 최고의 국가였다. 이것은 지금의 미국을 연상하면 될 것이다. 고려는 그런 원의 지배하에 있으면서 원이 지니고 있던 최고 수준의 문화와 기술을 흡수했고 그것을 그대로 조선에 전했다. 그렇게 되니까 조선은 신생국이었지만 그 내면적인 잠재력은 대단했을 것이다. 그리고 그 잠재력이 세종 때 폭발했다는 것이 몽골 역사를 전공한 사람들의 견해다.

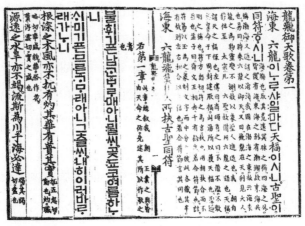

| 용비어천가

이것을 인문학에만 제한해서 보면, 조선은 그러한 잠재력을 갖고 있었기 때문에 한글이라는 인류 최고의 문자를 만들 수 있었던 것이다. 조선은 여기서 그치지 않았다. 새로운 문자를 만들었을 뿐만 아니라 이 문자를 인쇄할 수 있는 활자를 만들었는데, 그것도 금속활자를 만들어 책을 찍었다. 이렇게 해서 나온 책이 세종의 선조들이 지닌 덕을 찬양한 《용비어천가》와 석가모니의 일대기를 적은 《석보상절》과 이 책의 내용을 시의 형식으로 다시 적은 《월인천강지곡》이다. 이 세 권의 책은 당대 최고의 문학 작품이라 할 수 있다. 특히 《용비어천가》에 나오는 '뿌리 깊은 나무는 바람에 흔들리지 않고……'라는 대목은 현대 한국인에게도 매우 친숙한 문구다.

　　　　　　　　　　　　　세계를 홍 넘치게 하라

| 월인천강지곡 금속활자 복원판

    한국인들은 이때 있었던 이 같은 현상을 대수롭지 않게 생각하는 것 같다. 그것은 한국인들이 어려서부터 국어 시간이나 국사 시간에 이 사안들을 노상 접했기 때문에 그런 것 아닌가 하는 생각이다. 그러나 제3자의 입장에서 이때의 상황을 보면 놀라 자빠질 지경이다. 당시 문화와 기술력이 얼마나 높았으면 엄청난 문자를 만들자마자 그것을 가지고 금속활자를 만들 수 있었을까? 그런데 이때 만들어진 금속활자의 디자인이 장난이 아니다. 지금의 눈으로 보아도 이 활자의 디자인은 상당한 수준임을 알 수 있다. 어떻게 새로운 활자를 만들었는데 그 서체font의 디자인이 저렇게 훌륭할 수 있을까? 이때 만들어진 서체를 지금 가져다 써도 현대의 한글 서체

에 전혀 밀리지 않는다. 그런데 이것으로 끝난 것이 아니다. 이 활자를 만든 것은 앞에서 거론한 '석보상절'이나 '월인천강지곡', 그리고 '용비어천가'와 같은 당대 최고의 문학 작품을 책으로 찍기 위한 것이었다.

위의 사실을 종합해 보면, 우리는 이 시기를 다음과 같이 정의할 수 있을 것이다. 새로운 문자를 만들어낸 어문 정신과 그 문자를 가지고 금속활자를 만들어낸 기술력, 최고의 디자인을 자랑하는 활자의 예술성, 그리고 빼어난 문학 작품을 만들 수 있는 문학성 등 최고의 인문 정신과 기술력이 정점을 찍은 시기라 할 수 있을 것이다. 이 같은 시기는 그 뒤에 다시 오지 않지만 그 정신은 면면히 이어져 조선 후기에 이르러 정조 시대에 두 번째 부흥기를 맞이하게 된다. 그다음에는 비록 일제기라는 단절의 시기가 있었지만, 그 인문 정신은 여전히 현대 한국인의 뇌리 안에서 꿈틀거리고 있을 것이다.

세계를 흥 넘치게 하라

세계가 놀라는
조선의 기록 문화

지금까지 본 한글과 그와 관계된 문화물들만 보아도 조선은 대단히 훌륭한 인문 정신을 지닌 국가라는 것을 알 수 있다. 그런데 조선의 인문 정신을 말할 때 꼭 거론되어야 할 기록물들이 있다. 이것들은 모두 세계기록유산에 등재되어 있으니 그 가치를 확실하게 인정받은 것이다. 그 가운데 대표적인 기록물은 《조선왕조실록》과 《승정원일기》를 들 수 있는데, 이에 대해서는 곧 자세하게 볼 예정이다. 이 이외에도 《조선왕조의궤》나 《일성록》, 《동의보감》, 《난중일기》 등이 있는데, 이 기록물들에 대해서는 지면 제약 때문에 다 볼 수는 없으니 아주 간략하게만 보자.

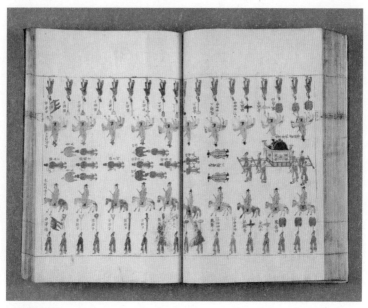

| 조선왕조의궤

　먼저 《조선왕조의궤》는 일종의 그림책이라 할 수 있다. 왕실의 결혼이나 장례 혹은 사신 영접 등과 같은 주요 행사들을 그림으로 그리고 그것을 글로 설명해 놓은 책이다. 이전에는 동영상을 찍을 수 없으니 일일이 그림으로 남긴 것인데 다른 나라에서는 이 같은 유례를 찾기 힘들다. 이것은 후대에 같은 행사가 있을 때 참조하라고 기록으로 남긴 것이다. 이 책은 수백 권으로 되어 있는데 전 권이 있어 진즉에 국보로 지정되어 있었다. 그런데 이 책에는 앞에서

세계를 흥 넘치게 하라

본 박병선 박사와 관련해서 재미있는 이야기가 있다. 박병선 박사는 이 책이 프랑스에 있다는 것을 알고 찾다가 20년이 지난 다음에야 가까스로 프랑스 국립도서관 창고 같은 데에서 찾아낸다. 그런데 이 의궤는 강화도에 있는 외규장각에 소장된 것이었다. 규장각은 왕실 관련 도서 등을 보관하는 곳이라 이곳에 있던 의궤는 왕만볼 수 있게 특수 제작된 어람용이었다. 병인양요(1866년) 때 이곳을 약탈한 프랑스 해군은 외규장각에 있던 책 중 어람용 의궤를 가져갔다. 동양의 서책에 무지한 그들이 보기에도 이 어람용 의궤는 대단하게 보였던 모양이다. 다른 책들은 불 질러 태워버렸는데 이 책들은 가지고 갔으니 말이다. 이 서책이 발견되면서 반환운동이 일어났는데 2011년에 가까스로 영구 임대 형식으로 프랑스로부터 돌려받게 된다.

《일성록》은 왕이 개인적으로 쓴 일기인데 전 세계적으로 보기드문 경우라 세계기록유산에 등재되었다. 왕이 쓴 일기가 '일성록'처럼 대대로 모여 있는 경우는 흔치 않다고 한다. 이 일기의 시작은 정조인데 그가 세자 시절에 쓰기 시작해 그 뒤의 왕들도 자신의 주변에서 일어난 일들 가운데 정치와 관련된 일을 꽤 꼼꼼하게 적었다고 한다. 1910년까지의 기록이 남아 있는데 공식적인 기록과는다른 내용이 있어 그 가치를 인정받은 것이다.

《동의보감》은 너무도 잘 알려져 있어 설명이 필요 없을 것이다.

이 책의 저자인 허준에 관한 이야기는 드라마로도 제작되어 한국인들에게는 매우 친숙하다. 1610년에 간행된 이 책을 한마디로 표현하면, 허준이 당시 중국과 조선에 있었던 주요 의학 서적들을 두루 섭렵하여 집대성한 책이라 할 수 있다. 그래서 최고의 의학 교과서 혹은 한의학의 백과사전이라 불리기도 한다. 이 책이 훌륭하다는 것은 한의학의 종주국인 중국의 의사들도 많이 참고한 것을 통해 알 수 있다. 그뿐만 아니라 일본이나 대만에서도 관계자들이 이 책을 많이 참고했다고 한다. 과거 역사를 보면 한국 학자가 쓴 책을 중국 학자들이 참고한 경우가 드문데 이 책은 예외가 되는 셈이니 이 책의 수준을 알 만하겠다.

| 일성록(상)과 동의보감(하)

마지막으로 《난중일기》 역시 다른 나라에서는 유례를 찾아보기 힘든 책이다. 이 책은 이순신이 임진왜란을 겪으면서 자신의 주변에서 일어난 이야기를 적

세계를 홍 넘치게 하라

| 난중일기

은 것이다. 이 책이 세계기록유산이 된 것은 전쟁을 수행하는 최고 지휘관이 전투 상황뿐만 아니라 자신의 주변에서 일어난 일을 비롯해 자신의 생각과 느낀 바를 생생하게 기록한 책이라는 점을 인정받은 것이다. 그래서 우리는 이 책을 통해 전쟁을 이끌었던 총지휘관의 솔직한 모습을 대할 수 있다.

조선의 기록 정신 1

《조선왕조실록》

《조선왕조실록》(이하 실록)은 실로 엄청난 기록물이다. 500년 이상 지속된 조선 왕조 역사 가운데 472년간을 기록으로 남겼으니 말이다. 왕으로 치면 태조부터 철종까지의 역사를 적은 것이다. 철종 후임인 고종과 순종의 시기는 조선이 망한 다음에 조선총독부에 의해 기록되었기 때문에 실록에 포함시키지 않는다. 지구상에 존재했던 수많은 왕조 가운데 500년 이상 지속된 왕조가 흔치 않은데, 조선은 그 이상 지속되었고 그 대부분의 기간을 역사 기록으로 남겼다.

실록을 한마디로 정의하면 '단일 왕조 역사서 가운데 가장 방대한 역사서'라 할 수 있다. 이 같은 점을 인정받아 실록은 1997년에

| 조선왕조실록 태백산사고본

세계기록유산으로 등재된다. 그런데 가장 긴 기간의 역사를 적었다는 것만으로 세계기록유산에 선정된 것은 아니다. 그보다는 왕조의 역사를 기록할 때 공정하고 객관적인 태도를 취한 것이 크게 인정받았다. 이처럼 왕조의 역사를 기록하는 제도는 원래 중국에서 확립된 것이다. 그 제도의 면면에 대해서는 곧 볼 것인데 여기에는 매우 선진적인 역사의식이 깔려 있는 것을 알 수 있다. 그리고 이 같은 역사의식이 제대로 지켜진 것은 동북아 국가 가운데 조선이 유일했다.

위에서 실록은 매우 공정하고 객관적인 방법으로 만들어졌다고 했다. 어떤 의미에서 이렇게 말할 수 있는지 그 구체적인 모습을 보자. 우선 왕의 모든 언행을 기록하기 위해 사관을 두는데 이 제도가 그렇게 만만한 것이 아니다. 왕이 아침에 공적인 업무를 시작한 이후부터는 이 사관이 배석하지 않으면 왕은 어느 누구도 만날 수 없다. 이것은 왕이 비밀리에 자기와 통하는 신하들을 만나 당파를 만들어 치우친 정치를 하지 못하게 하는 것이다. 그리고 왕은 자신이 하는 모든 언행이 기록으로 남는다는 것을 알고 있으니 언행을 함부로 할 수 없었을 것이다. 이것은 왕권에 대해 상당한 견제를 가하는 것인데 이 점에서 조선은 대단히 선진화된 정치 시스템을 갖고 있었다고 할 수 있다.

TV에서 사극 드라마를 보면 왕이 사관을 대동하지 않고 신하들을 만나는 장면이 종종 나오는데 이것은 전부 사실이 아니다. 조선의 왕은 아마 큰 스트레스를 받았을 것이다. 왜냐하면 이른 아침부터 하루 종일 누군가가 내 옆에 붙어서 내가 하는 모든 언행을 적어대면 신경이 곤두서지 않을 수 없기 때문이다. 또 감시당하고 있다는 생각 때문에 기분도 언짢았을 것이다. 그러나 조선의 왕들은 이것을 모두 감내했다. 이에 비해 중국의 황제 가운데에는 이 사관 제도를 아예 없애버린 사람도 있었다. 그것은 황제의 절대 권력을 사관 따위에게 견제 받고 싶지 않았기 때문일 것이다.

세계를 흥 넘치게 하라

조선이 이 사관 제도를 얼마나 존중했는가는 폭군으로 이름 높았던 연산군의 사례에서 알 수 있다. 잘 알려진 것처럼 연산군은 폭군으로 이름 높은 왕이었던 터라 자신은 이 세상에 두려운 사람이 없다고 종종 말하곤 했다. 그런데 여기에도 예외가 있었다. 그 예외가 바로 사관이었다. 그는 온갖 패륜적인 기행을 일삼으면서도 자신의 언행이 가감 없이 사관에 의해 기록된다는 것을 알고 있었다. 그리고 실록에 한번 기록되면 영원히 남는다는 것도 알고 있었다. 그러니 사관을 두려워하지 않을 수 없었던 것이다. 그렇지만 조선의 왕실을 제멋대로 주무르던 그도 중국의 황제처럼 사관 제도 자체를 없애버릴 생각은 하지 못했다.

실록이 지닌 드높은 역사 정신은 또 다른 데에서 발견된다. 중국의 실록 제도에 따르면 왕은 절대로 실록을 볼 수 없게 되어 있다. 이유는 간단하다. 만일 왕이 이 기록을 본다면 사관이 보복이나 처벌 받을 것을 두려워한 나머지 소신 있게 적지 않을 수 있기 때문이다. 왕이 실록을 보지 않는다는 것을 알고 있기 때문에 사관은 유교적 관점에서 왕의 언행을 객관적으로 판단해 적을 수 있었다. 이런 사실을 알고 있는 왕은 자신에 대한 평가가 좋게 나오게 하기 위해 더 좋은 정치를 하려고 노력했을 것이다. 그런데 이 같은 제도가 중국에서는 잘 지켜지지 않았던 모양이다. 중국은 황제 권력이 워낙 강해 황제가 실록을 가져다 보는 경우가 있었다고 한다. 그러고는 자신에 대한 기록 가운데 마음에 들지 않는 부분이 있으면 지우라고 명했다고 한다.

실록과 관계해서 조선이 중국과 다른 부분이 또 있다. 조선은 이 실록을 중시한 나머지 네 부를 만들어 네 군데에 나누어 보관했다. 전쟁과 같은 위기에 대응하기 위해 네 부를 만든 것이다. 네 부를 만들려면 활자가 필요했을 것이다. 그래서 조선 정부는 단지 네 부의 서책을 만들기 위해 아름다운 활자를 만들었다. 그뿐만이 아니다. 이 실록을 만들 때 쓴 종이는 세계에서 가장 좋은 한지韓紙였다. 한반도에서 만들어진 종이가 중국 것을 능가한다는 것은 잘 알려진 사실이다. 이런 종이를 가지고 매우 발전된 활자로 인쇄해 실록을 제작했다. 그런데 중국은 조선과 달랐다. 그들은 실록을 기록하기 위해 활자를 만들지 않았다. 그들은 그저 붓으로 기록했는데 그것도 어떤 경우에는 앞에서 말한 것처럼 황제의 명에 의해 지워진 데가 있었다.

지금 우리에게는 이 실록이 손상되지 않고 전질이 전해지고 있다. 이 같은 현실에 대해 아무런 의문도 갖지 않는 사람이 많을 것이다. 그러나 사실 조금만 생각해 보면 이것은 기적에 가까운 일이라 할 수 있다. 왜냐하면 실록은 종이로 만든 책이라 앞에서 본 대장경보다 훨씬 더 불에 취약하기 때문이다. 실록은 대장경처럼 여러 번의 위기를 겪지는 않았지만 아주 큰 위기가 있었다. 또 임진왜란이 그것이다. 당시 실록은 앞에서 말한 대로 네 군데 사고에 네 부가 보존되어 있었는데 예상대로 그것을 가만히 놓아둘 일본 군대가 아니었다. 그들은 이 실록이 보관되어 있던 사고를 모두 불태워 없앴는데 기적적으로 전주사고본全州史庫本 하나만 살아남게 된다.

이 기적을 만든 사람은 '손의'와 '안홍록'이라는 양반이었다. 임진왜란 때 일본군이 곧 전주에 당도할 것이라는 소식을 접한 두 사람은 여러 사람들을 데리고 사고로 가서 그곳에 있는 관리들과 함께 실록을 이고 지고 해서 내장산 속으로 모두 옮겼다. 그들은 그 산속에서 1년 이상을 버티면서 실록을 지켰고 나중에 그것을 조선 정부에게 양도했다. 그 뒤에 조선 정부는 이것을 바탕으로 네 부를 더 만들어 총 다섯 부를 전국에 나누어 보관하게 된다. 실록이 이렇게 온전하게 살아남을 수 있었던 것은 이렇듯 두 영웅이 있었기 때문에 가능한 일이다. 현대 한국인들은 이 두 분의 공로를 잊어서는 안 될 것이다. 그런데 손의와 안홍록은 자신들이 지킨 실록이 후대에 세계적인 유산이 될는지 알았을지 궁금하다.

조선의 기록 정신 2

《승정원일기》

실록을 이야기할 때면 항상 같이 언급되는 서책이 있는데《승정원일기》(이하 일기)가 그것이다. 일기는 왕의 비서실이었던 승정원에서 만든 기록이다. 승정원은 지금으로 치면 청와대 비서실에 해당한다. 이 일기도 2001년 세계기록유산에 등재되었다. 등재될 수 있었던 이유 중의 하나는 인류 역사에 이렇게 주밀한 왕의 비서실 기록이 흔치 않았기 때문이다.

실록과 일기는 어떤 차이가 있는 것일까? 실록이 나라 전반에서 일어난 일을 적는 것이라면, 일기는 비서실의 기록인 만큼 왕 개인에 초점을 맞추어서 기록을 남겼다. 그런데 그 묘사가 어찌나 생

세계를 흥 넘치게 하라

| 승정원일기

생한지 이 기록을 읽고 있으면 마치 그 현장에 있는 것 같은 느낌을 받는다고 한다. 예를 들어 일기는 왕이 감기에 걸린 것 같다는 식의 매우 개인적인 상태까지도 적었다고 한다(이런 것은 실록에서는 발견할 수 없다).

이 책에 관해서 재미있는 설명이 있다. 이 책은 지금까지 인류가 만든 왕조의 역사 기록물 가운데 분량이 가장 많다는 것이다. 실록보다도 분량이 많으니 그렇게 말할 수 있을지 모른다. 그런데 이 책은 실록처럼 조선 역사 전체가 기록된 것은 아니다. 왜냐하면 이 책은 경복궁에 보관되어 있던 단 한 부가 임진왜란 때 불타 소멸됐기 때문이다. 그 때문에 그 이전 것은 사라졌다. 또 1624년에 있었던 이괄의 난 때 또 불타 지금 남아 있는 것은 그 이후의 것이다. 그렇게 보면 이 책은 조선 후기의 288년 동안 있었던 왕에 대한 기록물로 이해하면 되겠다. 이 책에 기록된 글자가 2억 3~4천만 개나 된다고 하니 그 방대함을 알 수 있겠다. 그런데 유념해야 할 것은 이 책은 실록처럼 활자로 인쇄된 것이 아니라 손으로 쓴 것을 그대로 책으로 만들었다는 것이다. 이 책의 양이 방대할 수 있었던 데에는 이것도 한 요인으로 작용했을 것이다.

이 책에는 조선 사람들의 치열한 기록 정신을 알 수 있는 예들이 많이 있다. 예를 들어, 상소문이 올라오면 실록은 그것을 요약해서 적는 반면 일기는 전문을 다시 다 적었다고 한다. 그런데 이와 관련해 재미있는 경우가 있었다. 당시에는 임금에게 만 명에 달하는 선비들이 올리는 만인소라는 상소문 제도가 있었다. 이를 테면 집단 시위라 하겠다. 여기에는 만 명의 이름을 다 적는다. 이런 상소문이 올라오면 아무리 번거로워도 일기는 이 이름들을 다시 베껴 적었다. 이 이름을 다 적으면 상소문의 길이가 약 100m 정도가 된다고 하는데 일기도 그에 따라 모든 사람의 이름을 다 적어놓았을 테니 그 분량을 알 만하겠다.

일기의 이 같은 기록 정신이 가장 빛을 발하는 것은 날씨나 별들의 움직임을 적는 데서다. 일기는 날씨를 100여 가지 방법으로

세계를 홍 넘치게 하라

세분화하여 적었다. 만일 아침과 저녁에 날씨가 다르면 그것을 나누어 따로 적었다. 또 비에 대해서도 '가랑비'니 '보슬비'니 하는 식으로 세분화해서 정확하게 적었다. 동시에 강우량까지도 정확하게 적었다. 조선은 측우기를 세계에서 가장 먼저 발명한 나라답게 강우량까지도 신경을 쓴 것이다. 천문 기록도 대단히 꼼꼼하게 적었다. 만일 유성이 떨어지면 크기가 어떠했고 어떤 방향으로 떨어졌는지를 정확하게 적었다. 이들은 밤에도 자지 않고 기록에 매진했던 것이다.

그런데 놀라운 것은 전 세계 어떤 나라도 날씨나 천문 현상을 이렇게 오랫동안 기록한 나라가 없다는 것이다. 이 때문에 이 기록은 역사학 이외의 분야에서 더 귀한 대접을 받는다. 특히 동북아 지역의 기후나 천문을 연구하는 기상학자나 천문학자들에게는 이보다 더 좋은 자료가 없다. 앞으로 이 기록이 어떻게 활용될지는 아무도 모른다. 그런데 문제는 이 책이 아직도 번역 중에 있다는 것이다. 그 양이 실록의 4배나 되니 번역하는 데 많은 시간이 걸리는 것이다. 이 번역이 끝나면 아마 많은 학문 분야에서 이 책을 활용하게 될 것으로 생각된다.

이것으로 근대 이전의 역사와 문화에 대해 간단하게 훑어보았다. 이다음으로는 일제기가 있지만 이 시기는 한국인이 주인이 아니었던 관계로 뛰어난 문화나 유물이 만들어지지 않았다. 따라서 이 책에서는 일제기를 다루지 않으려고 한다. 한국인들은 일제의 악독한 식민 지배로 물질적인 차원에서도 말할 수 없이 많은 피해를 입었지만 정신적인 차원에서도 치유하기 힘든 열등감을 갖게 되었다. 그래서 한국인들은 자신도 모르게 자국이나 자국의 문화를 낮추어 보고 별것이 아니라는 자조적인 생각마저 갖게 되었다. 이같은 열등의식을 극복하기 위해 한국인들은 그동안 끊임없이 노력하여 많이 극복했지만 아직도 잔재가 남아 있다. 다음 장에서는 현대 한국이 국제 사회에서 차지하는 위상에 대해 보았으면 하는데, 특히 문화적인 면을 중심으로 보려고 한다.

현대 한국이
선도하는
세계의 대중문화

이제 우리가 사는 현대 한국으로 왔다. 이 책의 앞부분에서 나는 한국이 현대에 들어와 어떤 모습으로 변모했는지에 대해 간단하게 제시했다. 그 모습 가운데 가장 두드러진 것은 기적적인 경제 성장과 극적인 민주화의 성공이라고 했다. 이 점은 너무나도 잘 알려져 있기 때문에 더 이상 언급이 필요 없을 것이다. 그런데 이상한 것은 이러한 사실이 한국 내부에서는 꽤 알려져 있는 것 같지만 외국에서는 그다지 인정받고 있는 것 같지 않다는 것이다. 외국인 가운데에는 한국에 와서 둘러보고서야 한국이 얼마나 발전한 나라였는가를 알게 되었다는 사람들이 많다. 막연하게나마 한국이 경제적으로 큰 발전을 이룩했다는 사실을 알고 있었는데 실제로 와서 보니 그 발전이 이렇게 대단할 줄 몰랐다고 실토하는 외국인이 적지 않았던 것이다.

그래서 그런지 한국은 선진국 가운데 가장 알려지지 않은 나라라는 평도 있다. 한국은 자신이 가진 실력에 비해 아직도 전 세계적으로 제대로 알려져 있지 않다. 한국은 왜 이렇게 알려지지 않은 것일까? 답은 간단하다. 한국인 자신들이 외국인들에게 제대로 알리지 않았기 때문이다. 질문은 계속된다. 그러면 한국인들은 왜 알리지 않았을까? 그 답도 간단하다. 한국인들이 자국 문화에 대해 무지하기 때문이다. 혹은 낮은 수준에서 열등감을 갖고 있기 때문이다. 이 열등감이 이전보다는 많이 극복되고, 특히 젊은 세대들에게서는 이러한 감정이 잘 보이지 않는 것 같지만 여전히 한국인들에게는 서구에 대한 문화적인 사대주의가 상당히 남아 있는 것 같다.

그런 예를 얼마든지 들 수 있지만 가장 비근한 예 하나만 들어보자. 한국인들, 특히 젊은이들은 한국에서 아주 세련된 문화 현장을 접하게 되면 '와, 유럽 같다!'는 찬사를 늘어놓는다. 이것은 부지불식간에 선진적인 것은 서양 것이라는 그들의 생각이 반영된 현상이라 할 수 있다. 또 국내에도 성지 순례길이 얼마든지 있는데 한국의 젊은이들이 그 멀리 스페인에 있다는 순례길을 찾아가는 것도 그런 유의 것이라 할 수 있다. 가령 생애의 많은 부분을 도망에 할애했던 천도교의 2대 교주 최해월의 '도망길'은 훌륭한 순례길이 될 수 있지만 한국인들은 이 같은 토종 순례길에는 별 관심이 없다. 순례길도 유럽에 있는 것이 나아 보이는 모양이다. 한국인들이 자국 문화에 대해 갖는 열등감은 무관심을 유발해 그로 인해 그들은 한국 문화를 알려고 하지 않는다. 그렇다 보니 그들이 한국 문화에 무지하게 되는 것은 당연한 것이다. 한국 문화를 잘 모르니 자국 문화를 외국인들에게 알리고 싶어도 그럴 수가 없는 것이다.

그런데 21세기에 들어오면서 뜻밖에 전 세계적으로 한국이 차지하는 문화적 위상이 달라지고 있다. 잘 알려진 것처럼 한류가 터진 것이다. 한국인들도 자신들의 대중문화가 전 세계적으로 이렇게 크게 인기를 얻으리라고는 예상하지 못했다. 문화적 사대주의에 빠져 있는 것처럼 보였던 한국인들이 큰일을 낸 것이다. 한국의 미래는 이 한류에 있다고 할 정도로 한류는 매우 독특한 문화 현상이다. 그에 따라 나도 현대 한국의 문화에 대한 논의는 한류를 중심으로 보려고 한다.

한국의 미래는
통일보다 문화에서?

마이클 브린Michael Breen이라고 하면 한국의 언론계에서는 잘 알려진 영국 기자이다. 그는 한국에서 약 40년 동안 살면서 한국의 정치나 문화에 대해 제3자로서 나름의 날카로운 관찰을 제시했다. 그는 자신이 2019년에 펴낸 《한국, 한국인》이라는 책에서 한국의 미래에 대해 꽤 의미심장한 의견을 내놓고 있어 우리의 관심을 끈다.

그에 따르면 현대 한국은 두 번의 기적을 이루어냈는데 이것은 앞에서 우리가 본 것과 일치한다. 두 번의 기적이란 당연히 한국의 눈부신 경제 성장과 민주화의 성공을 말한다. 그 역시 이 같은 두 개의 기적을 한꺼번에 이룩한 나라는 한국밖에 없다고 강조했다.

그는 내친김에 한국이 세 번째 기적을 만들어낼 수 있지 않을까 하고 자문했다. 한국이 다른 나라가 해내지 못한 두 번의 기적을 이루어냈으니 세 번째 기적도 만들 수 있지 않을까 하고 생각한 것이다. 그런 끝에 그는 한국이 통일을 이루면서 세 번째 기적을 만들어내지 않을까 하는 예상을 했다고 한다. 그것은 충분히 가능한 상상이었다. 지구상에서 유일한 분단 국가인 한국이 통일된다면 그것 자체로 엄청난 사건이 될 수 있기 때문이다. 거기다 앞에서 본 것처럼 남북한이 정치, 경제, 군사 등의 분야에서 융합되면 굉장한 시너지 효과가 있을 터이니 충분히 기적이 다시 한번 일어날 것이라고 예측할 수 있는 것이다.

그런데 그는 곧 그 생각을 접고 만일 한국에서 제3의 기적이 일어난다면 그것은 문화 분야에서 발생할 것이라고 주장했다. 이 문화는 바로 한류를 말하는데 이것은 충분히 가능한 시나리오다. 왜냐하면 적어도 대중문화의 분야에서 한국은 더 이상 세계의 변두리가 아니라 중심에 서 있기 때문이다. 변수가 아니라 상수常數가 된 것이다. 우리는 이 모습을 방탄소년단BTS의 활동에서 여실히 보았다. 이에 대한 이야기는 너무도 잘 알려져 있어 더 이상의 설명이 필요 없을 지경이다. 그들은 세계 무대에 데뷔한 뒤 수많은 대중음악상을 받았는데 결국 2020년 8월경에 〈Dynamite〉라는 곡으로 빌보드 메인 싱글 차트인 '핫 100'에서 1위에 오르는 기염을 토했다

세계를 흥 넘치게 하라

| 칸 영화제 황금종려상과 아카데미상을 수상한 영화 〈기생충〉의 봉준호 감독과 송강호 배우. 〈기생충〉은 제92회 아카데미 시상식에서 최고 권위인 작품상을 비롯해 감독상과 각본상, 국제영화상까지 4개 부문을 석권했다.

(방탄소년단의 빌보드 차트 1위 행진은 그 뒤에도 계속 이어졌다). 그런가 하면 여성 그룹 블랙핑크는 2020년 10월 빌보드 '아티스트 100' 차트에서 1위를 하는 또 하나의 쾌거를 이루었다. 같은 차트에서 BTS가 2위였으니 한국 그룹 둘이 나란히 1, 2위를 한 셈이다. 한국 가수들의 공적은 이것 하나만으로 충분하다고 생각한다. 그래서 진즉에 레이디 가가 같은 미국의 내로라하는 최고의 가수들이 이들과 함께 합동 공연을 하기도 했다.

이 같은 예를 더 소개할 필요가 없을 정도로 지금 한국의 대중문화는 전 세계적으로 각광을 받고 있다. 영화 〈기생충〉에서 보여

현대 한국이 선도하는 세계의 대중문화

준 한국 영화의 저력, 그리고 지구촌 곳곳에 스며들고 있는 한국의 드라마, 전 세계 여성의 인기를 끌고 있는 한국 화장품 등이 모두 그런 사실을 방증하고 있다. 여기에 조성진 같은 서양 고전음악의 전문 연주자나 김연아, 손흥민 같은 세계적인 운동선수까지 포함하면 한국의 체육·문화적인 역량은 세계를 더욱더 놀라게 한다. 그런데 더 놀라운 것은 한국 문화가 이렇게 전 세계를 휩쓸 것이라고 예상한 사람이 거의 없었다는 것이다. 이것은 앞에서 본 분야도 마찬가지였다. 전 세계에서 어느 누구도 한국이 오늘날 같은 눈부신 경제 성장과 민주주의 실현을 이룰 것이라고 예상한 사람이 없지 않았는가? 한국에 대한 예상은 왜 이렇게 번번이 빗나갔는지 잘 알 수 없는 일이다.

한국의 대중문화가 현재의 위치까지 온 과정은 삼성전자 같은 기업이 겪은 과정과 흡사해 우리를 놀라게 한다. 1980년대까지만 해도 삼성전자의 제품은 2, 3류에 머물러 있었다. 미국 같은 선진국에서 한국의 삼성 TV는 저소득층이나 사는 싸구려에 불과했던 것이다. 당시 한국은 볼펜 하나 제대로 만들지 못했고 주된 수출 상품이라고는 손톱깎이나 가발, 오토바이 헬멧 같은 것 정도였다. 사정이 이러하니 그때 세계를 주름 잡았던 일본의 소니나 파나소닉 같은 회사들은 난공불락^{難攻不落}처럼 보였다. 어떤 이는 당시 삼성을 '무명 가수'에 비유하고 일본 회사들은 '스타 가수'에 비유하기

세계를 흥 넘치게 하라

| 뉴욕 타임스퀘어 전광판에 보이는 한국 기업 광고

도 했다. 그러던 것이 30~40년이 지난 지금 판도가 완전히 바뀌었다. 해외에 나가면 어디서나 삼성전자 광고판을 볼 수 있고 많은 사람이 삼성전자가 만든 전화기를 사용하고 있는 것을 쉽사리 발견할 수 있다. 전 세계 전자 제품의 중심에 한국 회사가 있는 것이다.

어느 누구도 예상하지 못한
한류의 부상

이렇게 한국의 기업이 형편없는 2, 3류로 평가받다가 보란 듯이 세계적인 1류로 탈바꿈했듯이 한국의 대중문화도 전 세계적으로 아무 관심을 받지 못하다가 느닷없이 세계 대중문화의 상수가 되었다. 당시에 사람들은 한국의 대중문화는 그저 미국 것만 따라가고 일본 것만 베끼는 수준에 머무를 거라고 여겼는데 그 예상이 무색하게 된 것이다.

이 예상을 뒤엎은 것은 한국의 대중문화 가운데 연예entertainment 가 중심이 된 한류 문화였다. 노래와 춤이 중심이 된 한국의 음악 문화와 TV 드라마가 전 세계적으로 각광을 받은 것이다. 사실 한류라는 이름을 처음으로 만든 것도 한국인이 아니었다. 중국에서 한국 드라마가 인기를 끌기 시작하자 중국인들이 이름을 이렇게 지어준 것이다. 중국어가 모국어인 그들은 한자를 잘 조합해 한류韓流, Korean Wave라는 멋진 이름을 만들어낼 수 있었던 것이다. 1990년대 후반에 한국의 드라마가 처음으로 중국에 수출되기 시작했는데 뜻밖에 많은 인기를 끌었다. 그때 대부분의 사람은 이 현상이 오래가지 않을 거라고 생각했다. 일시적인 반짝 현상으로 그칠 것으로 생각한 것이다. 그렇게 생각하는 것도 무리는 아니었다. 왜냐하면 그때까지 한국 문화가 해외에서 큰 환영을 받아본 적이 단 한 번도 없었기 때문이다. 당시 한국인들은 자국의 문화를 스스로 2, 3류로 생각하고 있었기 때문에 해외에서 인기를 끄는 모습이 매우 어색했을 것이다.

한국인들이 자국 문화를 이렇게 낮추어 보는 태도는 한국의 역사를 보면 어느 정도 이해할 수 있다. 한국은 전설적인 인물이자 시조인 단군이 한반도와 만주 일대에 나라를 연 이래로 동북아시아에서 문화적으로 주류나 주인공이 된 적이 거의 없었다. 한국인들은 대부분의 역사 동안 인류 4대 문명의 발상지인 중국으로부터 문화를 받아들이기에 급급했다. 한국인들은 문자나 종교, 교육 체계, 정치 체제 등과 같은 제 분야에서 중국 것을 따라가느라고 바빴다. 그들에게 중국은 너무도 큰 존재였다. 물리적으로나 정신적으로 중국은 한국에게는 넘을 수 없는 거대한 산처럼 보였다. 사정이 그러하니 한국인들은 자국 문화를 항상 중국 것에 못 미치는 2, 3류인 것처럼 대했다.

이 증상은 특히 조선에 와서 심화되었다. 모든 분야에서 중국은 크고 위대하고, 조선은 항상 작다고 생각했다. 조선 사람들은 스스로 소국의 백성이라 여겼고 문화도 소중화小中華에 그쳤다. 조선은 그렇게 500여 년을 보냈는데 나라가 망하면서 일제 식민기가 되자 이번에는 일본 문화가 주류가 되기 시작했다. 당시 일본 문화는 한국인들에게 대단히 세련된 것으로 보였을 것이다. 그럴 수밖에 없었던 것이 일본은 한국보다 일찍 서양에 문을 열고 근대화를 달성했기 때문이다. 그래서 당시 한국인들에게는 일본 문화가 서양과 동양을 잘 융합한 첨단의 문화처럼 보였을 것이다. 그런 일본 문화를 접한 한국인들은, 특히 지식 분자들은 주눅 들 수밖에 없었을 것이다.

다행히 이 같은 일본의 지배는 오래 지속되지 못했지만 그렇다고 사정이 나아진 것은 아니었다. 제2차 세계대전이 끝난 다음 한국이 해방되고 일본은 물러갔지만 일본이 차지하고 있던 자리에는 또 다른 국가가 밀고 들어왔다. 잘 알려진 것처럼 미국이 그 자리를 대신한 것이다. 그 뒤부터 한국에서는 모든 것이 미국 일색이었다. 그런데 미국 문화는 일본 문화보다 훨씬 강력했다.

당시 미국은 세계 최고의 선진국으로서 전 세계를 향해 막강한 영향력을 행사하고 있었다. 미국 문화 앞에서는 유서 깊은 문화를 갖고 있었던 유럽의 제국들도 맥을 못 추었다. 특히 대중문화 분야에서 미국의 영향력은 막강했다. 예를 들어 미국에서 비롯된 록 음악은 유럽에서도 엄청난 인기를 끌었다. 1970년대까지만 해도 유럽에는 프랑스의 '샹송'이나 이탈리아의 '칸초네'와 같은 고유의 대중음악이 있었다. 이 음악들은 매우 훌륭해서 전 세계적으로 큰 인기를 누렸다(이 노래들은 한국에서도 한창 유행한 적이 있다). 그러나 미국의 대중음악을 대표한다고 할 수 있는 하드 록이 유럽에 퍼지면서 샹송이나 칸초네는 이 나라의 젊은이들에게서 멀어지기 시작했다. 그런 끝에 이제는 이런 노래들을 접하기가 쉽지 않은 상황이 되었다. 대신 유럽의 도처에는 하드 록이 넘쳐났다.

유럽의 상황을 이렇게 장황하게 설명하는 것은 한국의 상황을 이해하기 위함이다. 유럽마저 저 같은 처지에 놓였으니 한국이 어떠하리라는 것은 쉽게 짐작할 수 있을 것이다. 20세기 후반부에 살던 한국인들에게 미국과 일본의 모든 것은 최고였다. 이 두 나라는 한국인들에게는 절대로 넘을 수 없는 은산철벽銀山鐵壁과 같았다. 그러니 한국 것은 절대로 그 축에 끼지 못하는 열등한 3류의 것으로 보일 수밖에 없었다. 당시 거의 대부분의 한국인은 암묵적으로 그렇게 생각하고 있었다.

스멀스멀 전 세계로 파급되는
한류 문화

사정이 이러했으니 당시 한류와 비슷한 현상이 생겼을 때 대부분의 한국인은 대수롭지 않게 생각했다. 나는 그때(2000년대 초) 이 한류라는 현상에 주목하고 책을 쓰기도 했는데, 당시 한국의 지식 분자들이 내놓은 의견은 거의 비슷했다. 하나같이 한류라는 현상은 곧 사라질 거라는 것이었다.

그들에 따르면 지금은 중국이 한국을 통해서 서구적인 문화를 받아들이고 있지만, 그들도 수준이 높아지면 굳이 한국을 통하지 않고 그들 자체 내에서 그런 선진적인 대중문화를 만들어낼 거라는 것이었다. 그렇게 되면 한류는 자동 소멸될 것이라는 게 그들의 소견이었다. 그러나 상황은 그들의 예상과는 영 다르게 전개되었다. 중국에 이어 동남아시아에서도 한류가 터졌기 때문이다. 그러자 이번에는 한류는 거기까지다, 즉 동남아 같은 개발도상국에서만 통할 것이라는 주장이 득세했다.

그러나 이 주장도 곧 무색해지고 말았다. 그즈음 일본에서 〈겨울연가〉라는 드라마가 공전의 히트를 쳤기 때문이다. 일본은 누가 뭐래도 세계적인 선진국인데 여기서도 한류가 통한 것이다. 그다음으로 전 세계를 강타한 것은 〈대장금〉이라는 드라마였다. 이 드라마는 아시아를 넘어서 아랍과 아프리카, 남아메리카까지 그 권역을 넓혔다. 이들 지역에서 이 드라마는 엄청난 인기몰이를 했다. 예를 들어 이란 같은 국가에서 이 드라마는 시청률이 90%나 되는 등 전대미문의 기록을 만들어냈다. 이와 비슷한 상황은 아프리카 제국에서도 반복되었다. 그러나 이 현상에 대해서도 여전히 비판적인 견해가 있었다. 즉 〈대장금〉이 아무리 인기가 많다 하더라도 제1세계인 서구 사회는 뚫지 못했다는 것이 그 비판의 골자였다.

그동안 한국 문화와 관련된 것들은 노상 폄하되어 왔는데 이처럼 한류도 예외가 아니었다. 외국인은 말할 것도 없고 많은 한국인도 한류는 일시적인 현상일 뿐이라고 자조했다. 한국인들은 설마 '우리가 만든 게 세계에 통할 리가 있을까' 하는 자조적인 생각을 많이 갖고 있었다. 그러다 사달이 났다. 사달이 나도 엄청나게 났다. 한국의 대중가요가 전 세계적으로 '빵' 터졌기 때문이다. 말할 것도 없이 이번에는 싸이가 그 주인공이다. 싸이 사건은 한국 대중가요사에 경천동지할 사건으로 기록될 것이다.

사실 싸이가 터지기 전에도 조짐은 있었다. 소녀시대나 슈퍼쥬니어, 샤이니 같은 한국의 그룹이 서양에서 인기를 끌기 시작했기 때문이다. 그런데 이 사태는 일단 원더걸스의 노래가 빌보드 차트 핫 100 안에 들어가는 것으로 일단락되는 것 같았다. 원더걸스는 2009년 10월에 〈Nobody〉라는 노래로 이 차트에서 76위를 기록했는데 이처럼 한국의 대중가요가 이 차트의 100위 안에 들어간 것은 이 노래가 처음이라 많은 각광을 받았다. 그러나 그때에도 그것으로 끝날 것이라고 예측하는 사람이 많았다. 그렇지만 그 예측이 무색할 정도로 3년이 지나자 느닷없이 싸이가 2012년 〈강남스타일〉이라는 노래로 같은 차트의 2위에 오르는 기염을 토했다. 게다가 7주 동안이나 2위에 있었으니 대단한 기록인데 이에 그치지 않고 이 노래는 전 세계적인 신드롬을 만들어냈다. 전 세계 사람들이 싸이를 따라 말춤을 추기 시작한 것이다. 이에 대한 것은 잘 알려져 있으니 더 이상 설명이 필요 없을 것이다.

그때도 그랬다. 앞으로 한국 가수 중에 싸이의 기록을 깰 사람은 없을 것이라는 주장 말이다. 사실 빌보드 핫 100에서 2위를 7주 간이나 점유하는 기록이 어디 쉽게 나올 수 있겠는가? 당시 사람들

| 한국 가수 최초로 빌보드 1위를 기록한 방탄소년단(BTS)

은 싸이는 워낙 코믹하고 개인적으로 색다른 사람이었기에 그 같은 기록을 세운 것이라고 생각했다. 싸이의 경우가 다른 가수에게는 적용되지 않을 거라고 여긴 것이다. 그러나 이 생각도 그리 오래가지 못했다. 앞에서 누누이 본 것처럼 BTS가 전 세계의 대중가요를 평정해 드디어 2020년 9월에 빌보드 핫 100에서 〈Dynamite〉라는 노래로 1위를 하게 되었으니 말이다.

빌보드 차트에서 1위를 하는 것은 엄청나게 힘든 일이다. 특히 비영어권에서 나온 노래가 1위가 되는 것은 훨씬 더 힘들다. 그러다 2020년 12월 BTS는 빌보드 역사상 드물게 비영어권 노래인

〈Life Goes On〉이라는 노래로 1위를 하게 된다. 수개월 전에 1위를 했던 〈Dynamite〉는 순전히 영어로만 된 노래였지만, 〈Life Goes On〉은 한국어로 된 노래라는 점에서 그 의의가 크다고 하겠다. 빌보드 차트에서 비영어권 노래가 수위를 차지하는 것은 매우 어려운 일이라고 했다. 그것은 당연한 일이다. 빌보드 차트가 인기도를 조사하는 지역은 대부분 영어권이기 때문이다. 그래서 BTS 이전에 비영어권인 동양에서 이 차트에서 1위에 오른 것은 1963년에 일본 가수인 사카모토 큐가 부른 〈스키야키〉라는 노래가 유일하다(이 노래의 원래 제목은 '위를 보고 걷자'다). BTS가 동양의 가수로서 57년 만에 이 차트의 1위에 등극한 것인데, 그뿐만 아니라 한국어로 부른 노래로 1위를 했으니 그 기록이 값지다고 하겠다. 그런데 한국에는 BTS만 있는 것이 아니다. 이들을 좇는 가수들도 많다. 지면의 제약상 자세하게 다룰 수 없지만 블랙핑크나 슈퍼엠, 세븐틴, NCT 등도 전 세계적인 인기몰이를 하고 있다. 이렇게 되면서 한국의 대중가요는 세계에서 상수가 되었고, 앞으로도 그 지위를 상당 기간 이어갈 것으로 예측된다.

한국의 대중가요가 이렇게 3류에서 1류로 오르는 모습은 앞에서 본 것처럼 삼성전자가 걸었던 과정과 흡사하다고 했다. 처음에는 어느 누구도 이들의 성공을 예측하지 못했다. 그러다가 조금씩 상황이 나아졌는데 그때마다 비평가들은 그 작은 성공을 인정하지

세계를 흥 넘치게 하라

않았다. 노상 그런 성공은 일시적인 것에 불과하다고 애써 폄하했던 것이다. 이처럼 많은 비평가가 서로 약속이나 한 듯 한국을 깎아내리기에 바빴다. 그러나 한국 기업이나 대중문화 관계자들은 그런 비평에 아랑곳하지 않고 묵묵히 앞길을 헤쳐 나아갔다. 그 결과 이제는 어떤 비평가도 한국의 대중가요 문화를 폄하하지 않는다. 한국인들의 성취에 매우 인색한 중국인들도 대중문화 분야에서는 한국인을 격하하지 않는 추세다. 이렇게 해서 한류는 부동의 위치를 차지하게 되었는데 전 세계 인구 가운데 0.7%밖에 차지하지 않는한국인들이 세계 대중문화의 중심에 서게 된 것은 놀라운 일이 아닐 수 없다. 아무도 예상하지 못한 일이 벌어진 것이다.

한류를 이끌어낸
한국인의 신기

우리는 이 같은 현상을 보면서 다음과 같은 질문을 던질 수 있다.
즉 한국의 대중가요나 드라마는 어떻게 해서 전 세계적으로 성공할
수 있었느냐는 것이다. 전 세계는 물론 아시아에서도 변방에 그치
는 것처럼 보였던 한국이 어떤 요인 덕에 세계 대중문화의 중심이
될 수 있었느냐는 것이다. 왜 일본이나 중국 같은, 아시아의 강국일
뿐만 아니라 세계적인 강국에서 이런 일이 벌어지지 않고 그 사이
에 낀 한국에서 이런 일이 일어났느냐는 것이다. 이는 워낙 광범위
한 주제라 이 작은 지면에서 다 다룰 수 없다. 한국 사회와 관련된
수많은 요소가 복합적으로 작용해 이 현상이 일어났을 것으로 생각

되는데, 여기서는 가장 기초적인 요인에 대해서만 보려고 한다.

나는 한류를 성공시킨 가장 기본적인 요인은 무엇보다도 한국인의 '근본적인 기질'에서 모색해야 한다고 생각한다. 이 근본 기질은 무엇을 말하는 것인가? 나는 이것을 한국인이 갖고 있는 문화적 요소 가운데 가장 토속적인 데에서 찾을 수 있다고 생각한다. 하나의 문화에서 가장 토속적인 것은 그들이 신봉하는 토속 종교를 보면 알 수 있다. 이 같은 종교는 그 나라에만 있는 것이라 거기에는 그 나라 사람들의 '근본 기질'이 반영되어 있다. 한국의 토속 종교는 흔히 무속이라 불리는 샤머니즘이다. 한국인들은 이 종교를 단군 이래 한 번도 버린 적 없이 계속해서 신봉했고 지금도 열심히 무당을 찾고 있다. 이것은 한국인들이 무속과 정신이 통하는 바가 있기 때문일 것이다.

한국인들은 이 무속을 통해 세계적인 예술품을 많이 만들어냈는데 특히 음악과 춤 같은 장르에서 그 영향력이 두드러진다. 예를 들어 가장 한국적인 음악과 춤이라 할 수 있는 시나위와 살풀이는 모두 굿판에서 유래한 것이다. 시나위는 반주 음악으로 주로 전라남도 지방에서 굿을 할 때 연주되던 음악이다. 그리고 살풀이춤은 이 음악에 맞추어 무당이 추던 춤이다. 그런가 하면 가장 한국적인 성악인 판소리 역시 그 뿌리를 찾아 내려가 보면 굿판으로 귀착된다. 여기서 우리는 가장 한국적이면서 세계적인 음악과 춤이 모

| 신윤복의 〈무무도〉

두 무속에서 나왔다는 것을 기억해야 한다. 이 굿이야말로 가장 한 국적인 종교 의례인데 가장 두드러지는 특색은 의례의 모든 순서가 노래와 춤으로 구성되어 있다는 것이다. 이런 종교 의례는 매우 이 색적인 것으로, 한국인들이 노래와 춤을 워낙 좋아해서 생긴 현상 으로 생각된다.

한국인들은 노래와 춤을 통해 망아지경忘我之境 같은 흥에 빠지 는 것을 좋아했는데, 나는 이러한 한국인의 정신을 신기神氣라고 명 명한 바 있다. 한국인들은 이 신기라는 기운 덕에 매우 자유분방한 기질을 갖고 있는 것으로 보인다. 한국인의 이 같은 기질은 구체적

세계를 흥 넘치게 하라

인 현실에서 다음과 같은 모습으로 나타난다. 즉 정해진 것보다는 즉흥적인 것을 좋아하고, 어떤 일을 할 때 계획을 먼저 세우고 주도면밀하게 하기보다는 일을 시작하면서 계획도 같이 세워나가는 현장성 혹은 임기응변성이 강한 것이 그것이다. 또 세부적인 부분을 중시하면서 천천히 일을 추진하는 게 아니라 모든 일을 빨리빨리 하면서 세부를 무시하고 대충하는 경향이 강하다. 이런 경향은 이웃 나라인 일본이나 중국과는 판연히 다르다.

이 신기라는 에너지 덕에 한국인들은 엄청난 흥을 갖고 있는 것으로 보인다. 따라서 자연스러운 결과로 이 흥 때문에 한국인들은 어느 민족보다도 노래와 춤을 사랑하는 정신을 갖게 되었다. 한국인의 가무 사랑 정신은 역사가 깊다. 한국인의 이 같은 모습은 3세기에 중국 정부가 편찬한 역사책인《삼국지》에 이미 적혀 있다. 이 책에는 한국의 습속에 대해 적은 기록이 있는데 고대 한국의 국가였던 부여나 고구려, 삼한의 사람들이 가무를 얼마나 즐겨했는지에 대해 상세히 적고 있다. 이 기록에 따르면 고대 한국인들은 하늘에 제사를 지내면서 가무를 즐겼고, 길을 갈 때에도 노래를 했으며, 하루 일이 끝나면 모여서 노래를 즐겼고, 축제 때에는 오늘날의 농악대처럼 춤을 추면서 놀았다고 한다.

한국인의 신기가 촉발한
가무 사랑

한국인들의 이 같은 가무 사랑 정신은 무당의 굿 등을 통해 오늘날까지 끈끈히 이어지고 있다. 그 정신 덕에 지금도 한국인들이 모여 있는 곳에는 언제나 노래와 춤이 연행되고 있다. 이 모습을 잘 보여주는 곳이 바로 한국의 유원지일 것이다. 한국인들은 유원지 같은 공공장소에서 거리낌 없이 노래와 춤을 해대는데 이렇게 하는 민족은 아마 한국인밖에 없을 것이다.

한국인들은 자신들의 이런 모습이 전혀 이상하지 않지만 외국인들은 매우 신기하게 생각한다. 특히 서구에서는 중년 부인들이 공원 같은 곳에 모여서 단체로 술을 마시고 춤을 춘다는 것은 상상

세계를 흥 넘치게 하라

할 수 없는 일이기 때문이다. 이 같은 모습은 얼마든지 더 나열할 수 있지만 이와 관련된 현상 하나만 더 보면 될 것 같다. 즉 한국 사회에 나타난 노래방의 만연 현상이 그것이다.

한국인들은 흡사 노래방 기계가 발명되기만 기다렸던 민족처럼 보인다. 1990년대 초반에 노래방 기계가 일본에서 한국으로 수입된 뒤 그것이 전국으로 확산되는 데에는 6개월 정도의 시간밖에 걸리지 않았다. 그 결과 한국은 전국이 노래방으로 도배되는데, 2020년에 코로나19라는 역병이 돌기 전까지 노래방 개수가 근 4만 개나 됐다고 한다. 그런데 이 기계는 노래방에만 있는 것이 아니라 식당과 같은 다른 공간에도 비치되어 있기 때문에 그 정확한 숫자는 알지 못한다. 어떤 자료에 따르면 코로나 사태 이전에 하루에 노래방 가는 한국인이 근 200만 명에 달했다고 한다. 엄청난 수의 한국인들이 매일 밤 노래방으로 몰려간 것이다.

그뿐만이 아니다. 한국의 관광버스 안에는 불법임에도 불구하고 노래방 기계가 없는 버스가 없다. 한국인들은 달리는 버스 안에서도 노래와 춤을 해야 직성이 풀리는 흥의 민족이니 이런 현상이 생긴 것이다. 버스 기사의 입장에서도 어쩔 수 없는 일이었을 것이다. 그래서 생긴 게 그 유명한 '관광버스춤'이다. 이 춤은 버스 통로 같은 좁은 곳에서 길길이 날뛰면서 추는 춤인데 얼마나 흥이 많으면 달리는 버스 안에서조차 춤을 추는지 실로 대단하다는 생각이 든다. 그런가 하면 불과 몇 년 전까지만 해도 라디오 노래방이 매우 유행했는데 당시 많은 라디오 프로그램에서 이 코너를 채택해 청취자들에게 노래를 시켰다. 한국인들이 얼마나 노래하기를 좋아했으면 마이크 대신 전화기에 대고 노래를 했는지 놀랍다. 이 현상도 한국인들의 가무 사랑 정신을 보여주는 것인데 전화기가 휴대 전화기로 바뀌면서 이 라디오 노래방은 인기가 많이 수그러졌다. 어떻든 한국인들은 장소 불문하고 노래할 수 있는 분위기만 조성되면 아무 데서나 노래하고 춤추는 민족인 것으로 보였다.

이 같은 예는 더 들 필요 없다. 왜냐하면 한국인들의 가무 사랑 정신을 적나라하게 보여주는 현장이 있기 때문이다. TV 방송이 그것이다. TV 방송은 국민들의 성향을 가장 잘 반영한다고 할 수 있다. 한국의 지상파 TV는 놀랄 정도로 음악 관련 프로그램을 많이 방영한다. 이것을 알기 위해서는 공영 방송인 KBS1의 프로그램만 보면 된다. 이 방송의 일요일 프로그램을 보면 음악과 관련된 것으로 오후에 하는 〈전국노래자랑〉과 저녁에 하는 〈열린음악회〉가 있다. 그리고 그다음 날인 월요일에는 나이 든 세대를 위해 방영하는 〈가요무대〉가 있다(이전에는 일요일 밤 11시에 〈콘서트 7080〉이라는 음악 프로그램도 있었다). 이처럼 한 국가의 중심 채널에서 일요일의 황금 시간대에 대중가요를 들려주는 그런 나라는 흔치 않을 것이다. 멀리 갈 것도 없이 이웃 나라인 일본의 NHK나 중국의 CCTV-1에

세계를 홍 넘치게 하라

서는 일요일 황금시간대에 대중가요 방송을 방영하지 않는다. 한국은 이 채널 외에 KBS2나 다른 지상파 방송인 SBS, MBC가 방영하는 대중가요 방송 프로그램까지 합치면 대중가요 관련 음악 프로그램은 그 수를 다 헤아리기 힘들다(여기서 케이블 방송은 제외하였다).

앞에서 말한 대로 방송국의 프로그램은 정확히 그 나라 국민의 기본적인 성향에 맞추어 편성된다. 이것을 한국의 상황에 적용해 보면, 한국인들이 워낙 대중가요를 좋아하니 방송국에서도 자연스럽게 노래하는 프로그램을 많이 만들 수밖에 없었을 것이다. 이러한 모습이 2020년에 다시 한번 두각을 나타냈는데 종합편성채널을 중심으로 일어난 '트로트 열풍'이 그것이다. 트로트라는 장르의 대중음악은 사실 한물간 음악으로 간주되는 상황이었는데 이 해에 TV조선에서 트로트 경연 프로그램으로 일진광풍一陣狂風을 일으키자 전 국민이 환호하기 시작했다. 이에 따른 현상으로 다른 종합편성채널은 물론이고 지상파 방송에서도 앞을 다투어 이와 유사한 프로그램을 만들기 시작했다. 이 같은 현상을 통해 우리는 한국인들이 음악, 특히 대중음악에 대해 갖는 열망이 얼마나 큰지 알 수 있다.

한류의 성공을
설명해 주는 이론들

한류가 성공하게 된 데에는 이 이외에도 많은 설명이 가능하다. 예를 들어 개인보다 집단을 중시하는 집단주의 정신도 그중 하나다. 이 책의 앞부분에서 이미 언급한 것처럼 어떤 나라의 사회 문화를 이해하려 할 때 '개인주의 대 집단주의'라는 시각은 매우 유효한 도구가 될 수 있다. 개인주의 문화는 집단보다 개인을 중시하는 문화를 말하고 유럽과 북미에 있는 서구 국가들이 이 문화권에 속한다. 반면 집단주의 문화는 말 그대로 모든 면에서 집단의 이익이 개인의 이익보다 중요시되는 문화를 말하고 비서구권 국가들이 여기에 속한다고 했다.

한국인들은 집단주의 문화를 가지고 있어 집단이 요구하는 것을 잘 따르는 경향이 있다. 따라서 한국인들은 하나의 집단에 소속되면 그 집단이 실시하는 훈련이 힘들어도 자신의 요구를 가능한 한 적게 내세우고 집단의 질서를 따르려고 한다. 자신보다 집단을 더 소중하게 생각하는 것이다. 이 때문에 한국의 보이/걸 그룹들은 연습생 시절에 훈련이 아무리 '빡세도' 견디어내는 것이다. 이것은 집단에서 한번 결정한 사항이면 개인들은 군소리 없이 따라야 하는 집단주의 정신이 있기 때문이다.

　　그런데 이 같은 한국인의 집단의식은 모든 성원을 친족으로 파악하는 유교적인 가부장주의에 물들어 있다. 그 때문에 한국인들은 집단 안에서 유교식의 윤리에 따라 서로를 형/동생, 혹은 언니/동생이라는 친족 명칭으로 부르면서 위계질서를 형성한다. 집단을 가족처럼 만드는 것이다. 이처럼 유교식 이념에 따라 만들어진 집단은 개인주의적인 이념으로 이루어진 서구의 집단들보다 성원 간에 훨씬 더 끈끈한 유대감이 형성된다. 이 유대감은 집단이 지속되는데 큰 역할을 한다. 한국의 보이/걸 그룹처럼 팀으로 활동하게 되면 끊임없이 크고 작은 문제가 발생하는 법이다. 그런데 한국의 보이/걸 그룹들은 자신의 집단을 일종의 유사 친족 공동체로 만들었기 때문에 여러 문제가 생겼을 때 효율적으로 대처할 수 있었다. 금전의 분배 같은 큰 문제는 어쩔 수 없을지 모르지만 구성원 간에 생기는 인간적인 갈등은 친족이라는 이름을 내세워 해결하면 어렵지 않게 그 위기를 넘길 수 있을 것이다. 이것은 가족 내에서는 문제가 생겨도 비교적 무난하게 해결되는 것과 비슷하다 하겠다.

그런가 하면 한국인들이 IT 문화나 기술에 강한 것도 한류가 성공하는 데 큰 역할을 했다고 할 수 있다. 한국 하면 'IT 강국'이라는 이미지가 떠오르는 것처럼 한국인들은 이른바 '사회적 네트워크 서비스'라 불리는 'SNS'를 어떤 민족보다도 효과적으로 활용했다. 전화기를 항상 끼고 살면서 끊임없이 SNS를 사용했던 한국인이었기에 이런 일이 가능했을 것이다. 한류의 세계적인 성공을 선보였던 싸이의 〈강남스타일〉도 유튜브라는 SNS가 없었으면 애당초 세계 무대로 나아가는 일이 가능하지 않았다는 사실을 상기하면 이 사정을 쉽게 알 수 있을 것이다. 그런가 하면 BTS 역시 활발한 SNS 활동을 하면서 팬들의 마음을 사로잡은 것은 익히 알려진 사실이다. 이들은 자신이 인기 연예인이라는 우위적인 지위에 연연하지 않고 팬들과 같은 차원에서 일일이 그들과 소통한 것으로 유명하다. 그럼으로써 지금까지 세계 연예계에 없었던 현상을 만들어냈고 그것이 그들을 성공으로 이끌었다. 그들이 만들어낸 '아미'라는 팬 집단은 아마 지금까지 있었던 팬 집단 가운데 가장 개방적이고 소통이 잘되는 집단이 아닐까 한다. 이 모든 것이 BTS가 SNS를 잘 운용한 덕일 것이다.

세계를 홍 넘치게 하라

한류의 성공을 설명해 주는
마지막 이론?

이른바 냄비 이론

지금까지 본 설명들은 다른 연구에서도 많이 발견되는 것들이다. 그런데 한류의 성공을 말할 때 연구자들이 간과하는 것이 있다. 그 것은 한류의 성공을 설명해 줄 수 있는 가장 핵심적인 요인으로, 이 것이 없었다면 한류는 성공할 수 없었다. 그게 무엇일까? 한국인들이 대중가요나 드라마에 대해 갖는 열정이 바로 그것이다. 한국인들의 노래 사랑에 대해서는 앞에서 이미 밝혔으니 다시 설명할 필요가 없을 것이다. 따라서 여기서는 한국인들의 드라마 사랑에 대해서 집중적으로 볼까 한다.

한국은 드라마 공화국이라고 부를 수 있을 정도로 TV 방송에 드라마가 많이 방영되고 있다. 지금은 TV 방송을 대신할 수 있는 OTT^Over The Top(온라인 동영상 서비스) 체제가 확산되는 등 방송 환경이 달라져 많이 줄었지만 수년 전까지 한국 TV에는 아침 드라마가 넘쳐났다. 한국인들은 그 정도로 드라마를 좋아했다. 아침 드라마가 한창 인기가 있을 때에는 지상파 3사가 앞다투어 아침 드라마를 방영했다. 아침이라는 시간은 직장에 출근해야 하고 학교에 등교해야 하는 등 매우 바쁜 시간인데 한국인들은 그 바쁜 시간에도 드라마를 즐겼던 것이다. 그뿐만이 아니라 저녁 시간에 방영되는 드라마에 대한 한국인의 열정은 이보다 훨씬 더 했다. 인기 드라마가 하나 방영되면 그 시청률이 장난이 아니었다. 시청률이 50%가 넘는 드라마가 한둘이 아니었는데 이것은 국민의 반이 이 드라마들을 보았다는 것이니 그 인기가 얼마나 엄청난지 알 수 있다. 역대 드라마 가운데 시청률 1위를 자랑하는 드라마는 1990년대 중반에 방영됐던 〈첫사랑〉이라는 드라마인데 이 드라마는 시청률이 65.8%나 되었다고 한다. 이 시청률은 깨기 힘든 기록적인 것이라고 하는데 이예 하나만 보아도 한국인들이 드라마에 대해 갖는 열정을 알 수 있겠다.

그런데 한국인들은 역동적인^dynamic 문화를 가진 민족답게 수동적으로 드라마 보는 것에 만족하지 않았다. 그들은 드라마가 진행되는 것을 보면서 그 이야기 진행에 직접 참여했다. 이것도 SNS 때문에 가능하게 된 것인데 한국인들은 방송사의 홈페이지에 댓글을 달면서 드라마의 스토리가 진행되는 데에 참견하기 시작한 것이다. 어떤 배우의 캐릭터를 바꾸라느니, 어떤 배우는 역할을 부상시켜 더 중요한 존재로 만들라느니, 심지어 어떤 배우는 죽여버리라느니 하면서 작가에게 스토리의 변경을 요구했다. 그러면 작가는 시청률을 의식해서 원래의 스토리를 바꾸어 진행하는 경우가 종종 있었다. 사정이 이렇게 되면 이 드라마는 작가 혼자 만드는 것이 아니라 집단이 함께 만드는 것으로 바뀌게 된다. 그렇게 되면 집단적 지성이 발휘되어 한결 완성도 높은 작품이 나올 수 있다. 집단이 같이 만들었으니 그 드라마에 대한 공감도를 한층 더 높게 만들 수 있고, 여러 사람이 좋아하는 것을 만들었으니 큰 인기를 끌 수 있는 것이다. 그리고 이렇게 만들어진 드라마는 해외로 수출되었을 때에도 상당한 경쟁력을 갖게 된다. 한 나라에서 통하면 다른 나라에서도 통할 확률이 높기 때문이다.

여기서 나온 것이 바로 냄비 이론이다. 냄비에 내용물을 넣고 불을 세게 가하면 내용물이 끓어오르면서 밖으로 넘치게 된다. 이런 모습이 한국에서 한류가 외국으로 전파되는 모습과 닮았다. 한국인들이 우선 자신들의 노래와 춤, 그리고 드라마를 격하게 좋아하니까 그 에너지가 넘쳐났다. 그렇게 넘쳐나는 에너지는 자연스럽게 이웃 나라로 전파되었는데 그 에너지의 '콘텐츠'를 잘 관리하자 전 세계로 그 기운이 파고들었다. 그 결과 이제는 세계 대중가요와 드라마 시장에서 한류가 지류가 아니라 본류가 된 것이다. 따라서 어떤 문화가 세계적인 것이 되기 위해서는 그 문화를 만들어낸 민족이 일차적으로 좋아해야 한다. 만일 그 주인공들이 좋아하지 않는다면 어떤 것도 세계화되는 일은 발생하지 않을 것이다.

한류에 대한 이야기를 끝맺기 전에 잠깐 첨언할 것이 있다. 이 현상은 아직 진행 중이라 앞으로의 미래를 점치기 힘들지만 지금 벌어진 것만으로도 우리의 주목을 요한다. 이것은 앞에서 잠깐 언급한 OTT의 전 세계적인 확산 현상이다. 한국 드라마는 그동안 주변 국가에 수출되어 호평을 받고 있었다. 그러나 판매를 전담하는 인력도 부족하고 국가별로도 판매처를 확보하는 데 어려움이 있었기 때문에 전 세계로 뻗어나가기에는 역부족이었다. 그러다 넷플릭스 같은 세계적인 OTT가 등장하면서 한국은 이 통로를 통해 전 세계로 드라마를 수출할 수 있었다. 이것을 일상적인 상업에 비유해보면, 이전에는 개별 소매점들을 상대하다가 이제는 큰 도매상 하나와 거래를 튼 것이라 할 수 있다. 바로 이 도매상 덕에 한국 드라마는 전 세계로 유통될 수 있었다.

그 결과 2020년 현재 한국 드라마는 특히 아시아 전 지역에서 큰 인기를 끌고 있다. 이것은 넷플릭스가 아시아에 한국 드라마를

세계를 흥 넘치게 하라

유통한 결과인데 이 회사는 일찌감치 한국 드라마의 가능성을 알아채고 한국에서 제작되는 드라마에 많은 투자를 했다. 이 회사의 대표인 리드 헤이스팅스는 '한국은 세계 엔터테인먼트 사업의 중심축이다. 한국 드라마는 아시아는 물론 유럽과 북남미에서 폭넓게 사랑받을 수 있다'고 주장했다. 이 회사는 그중에서도 아시아 시장을 개척하는 데에 한국을 끌어들였다. 이유는 간단하다. 북미 시장은 디즈니 같은 거대 회사가 있어 세를 확장하기 어려운 것에 비해 아시아 시장은 라이벌이 적고 성장 가능성이 컸기 때문이다. 그런데 이 시장에는 서구 드라마를 투입하기보다는 같은 아시아인으로서 비슷한 정서를 가졌을 뿐만 아니라 최고의 드라마 제작을 자랑하는 한국의 드라마가 제격이었다. 그래서 넷플릭스는 한국 드라마에 투자하기로 결정했고 그 기획은 보기 좋게 맞아 떨어졌다. 한국 드라마의 미래를 정확히 예측하는 것은 어렵지만 OTT의 확산은 또 하나의 한류를 탄생시킬 수도 있다는 조심스러운 진단을 해본다.

5장.

한국 문화의
미래는?

이제 이 책의 결말 부분에 도달했다. 결론은 앞에서 행했던 것처럼 문화에 대한 이야기로 채우려 한다. 이 책은 정치나 경제가 아니라 문화와 역사로 시작했으니 문화로 끝을 내야겠다는 생각이다. 대중문화가 중심이 된 한류는 앞에서 이야기했으니 더 이상 거론할 필요가 없을 것이다. 한국의 대중문화는 앞으로 더욱더 전 세계로 파고들 것이고 많은 성공을 거둘 것이다. 그럴 수밖에 없는 것이 앞에서 본 것처럼 한국인들의 연예 능력은 남다른 데가 있기 때문이다.

나의 눈에 한국인들은 노는 데에, 즉 엔터테인먼트를 고안하고 실행하는 데에 출중한 능력을 갖고 있는 것 같다. 한국인들은 이 능력 덕에 앞에서 본 대로 대중가요와 드라마에서 큰 성공을 거두었다. 그런가 하면 한국인들은 이 능력을 이용하여 인터넷 게임에서 전 세계적으로 두각을 나타냈다. 흔히 '롤LoL'로 불리는 〈리그 오브 레전드〉라는 인터넷 게임에서 한국인들이 보여준 활약상은 너무나 잘 알려져 있어 더 이상 거론할 거리가 못 된다. 또 한국의 비보이들이 전 세계의 비보이 대회를 주름잡고 있다는 것도 잘 알려진 사

세계를 흥 넘치게 하라

실이다. 이런 것들은 모두 한국인들이 얼마나 엔터테인먼트에 강한 가를 보여주는데, 이에 대한 설명은 앞에서 했으니 생략하기로 하자. 그 대신 여기서는 이러한 능력과는 그다지 관계없는 분야지만 지금 서서히 전 세계의 주목을 받고 있는 한국 문화 현상에 대해 간단하게 보고 이 장을 마쳤으면 좋겠다.

한국인의 생활 문화 중
가장 돋보이는 한국 음식

한국의 문화 가운데 위에서 본 것을 제외하고 앞으로 한류의 대열에 동참할 수 있는 것이 있다면 그것은 한국 음식일 것이다. 한식은 대표적인 한국인의 생활 문화인데, 또 다른 생활 문화인 한복(한국의 복식 문화)이나 한옥(한국의 주거 문화)은 이 대열에 참여하기 힘들 것이다. 이 둘은 보편성이 떨어지기 때문이다.

한복이나 한옥이 미래의 한류에 포함되기 어려운 이유는 간단하다. 현대 한국인들이 이 두 문화를 향유하고 있지 않기 때문이다. 지금 일상에서 한복을 입고 사는 한국인은 거의 없다. 남녀노소를 불문하고 모두 양복을 입고 산다. 이것은 거의 예외가 없다. 이전에

세계를 홍 넘치게 하라

| 한국인의 대표적 생활 문화는 한복과 한식, 한옥이다.

는 그래도 명절에는 한복을 입었기 때문에 일 년에 두세 번은 입었다. 그래서 '민속복'이라는 다소 생경한 이름으로 불리기도 했다. 그러나 그 풍습마저 사라지고 지금은 결혼식 할 때 양가의 모친들만 입는 의례복이 되어버렸다. 그러니까 한복은 한국인이 일생에 한두 번밖에 입지 않는 옷이 되어버린 것이다(젊은 사람들은 결혼사진 찍을 때 한복을 입기는 한다). 한국인 자신들이 이렇게 한복을 외면하고 있는데 이런 문화가 세계로 수출되어 각광받는 일은 일어나지 않을 것이다. 이것은 앞에서 본 냄비 이론으로 충분히 예견할 수 있는 일이다. 한국인 자신도 별 관심이 없는 한복에 대해 다른 나라 사람들이 관심을 가질 리가 없다.

이것은 한옥도 마찬가지다. 한옥은 한복보다는 조금 사정이 낫다. 한옥에 사는 사람들이 아직 있고 지금도 지속적으로 늘어나고 있기 때문이다. 그런가 하면 한옥은 선택된 사람만이 향유하는 '하이 컬처'처럼 취급되고 있어 그 고급성을 인정받고 있다. 이전에는 서양적인 것을 추구해야 고급 취향을 가진 것으로 간주되었는데 주거 문화의 경우에는 조금 달라졌다. 한옥에 사는 것이 최상위의 문화를 향유하는 것으로 되어 있으니 말이다. 이 점은 매우 흥미롭다고 하겠다.

이러한 경향은 한국 문화의 진작이라는 점에서 분명히 고무적인 일이라 할 수 있다. 한국의 전통 문화가 귀하게 취급받고 있으니 말이다. 그러나 아무리 한옥을 좋아하는 사람이 늘어난다 해도 이 같은 한옥 문화가 한국 사회의 보편적인 문화가 되기는 힘들 것이다. 한국인들 가운데 절반가량이 아파트에 살고 있을 뿐만 아니라 나머지 절반도 대부분 양옥에 살지 한옥에 살고 있지는 않기 때문이다. 사정이 이러하니 한옥의 거주 문화가 다른 나라로 수출되는 일은 일어나지 않을 것이다. 또 각 나라들은 그들 나름대로의 건축 문화를 갖고 있어 다른 나라의 건축 문화를 받아들일 수도 없다. 그러니 한옥 문화가 다른 나라에 유입되는 일은 이래저래 발생하기 힘들 것이다.

이에 비해 한식은 위의 두 경우와 조금 다르다고 할 수 있다. 먹

세계를 흥 넘치게 하라

는 행위는 인간이 하는 행위 중 가장 보편적인 것이라 한 나라의 음식 문화가 다른 나라로 수출되었을 때 비교적 경미한 갈등을 일으킨다. 옷이나 거주 문화는 이미 대부분 결정되어 있어서 다른 나라의 복식이나 거주 문화가 유입되었을 때 수용되기 어려운 면이 있다. 그에 비해 먹는 행위는 보편적인 면이 있어 다른 나라의 음식이 들어와도 수용될 수 있는 여력이 어느 정도는 있다. 예를 들어 현재 러시아 사람들은 한국의 라면('팔도 도시락' 라면)을 매우 즐기고 있는데, 이들은 이 새로운 음식 문화를 받아들이는 데에 별 문제를 느끼지 못했을 것이다. 먹고 맛을 느끼는 것은 보편적인 것이기 때문에 자신들의 입맛에 맞으면 부담 없이 수용할 수 있기 때문이다.

이것은 영화 〈기생충〉 때문에 미국에서 반짝 인기몰이를 한 '짜파구리'라는 한국 음식의 경우도 마찬가지다. 미국인들은 이 음식을 받아들일 때 러시아 사람처럼 별 문제를 느끼지 않았을 것이다. 자기들의 문화를 변경하지 않고서도 얼마든지 이 국수를 수용할 수 있었기 때문이다(이 음식이 정착되는지의 여부는 완전히 다른 문제라 여기서는 다루지 않는다). 그런데 이것은 한복에는 적용되지 않는다. 예를 들어 〈킹덤〉이라는 한국 드라마 덕에 양반 갓이 갑자기 미국서 인기를 끈 적이 있는데, 이 때문에 미국인들이 갓을 쓰고 길을 다니는 일은 발생하지 않을 것이다. 갓은 그들의 복식 문화와 충돌을 일으키기 때문이다.

서서히 부상하는
한국 음식

서양의 어떤 요리사는 몇 년 전에 이런 말을 했다고 전해진다. '한국 음식처럼 뛰어난 음식이 아직까지 세계에 알려지지 않은 것은 불가사의한 일이다'라고 말이다. 이 말이 나왔을 때는 아직 한식이 전 세계적인 주목을 받기 이전이었다.

당시에 한국 음식은 동아시아에서 가장 덜 알려진 음식이었다. 중국 음식이나 일본 음식은 전 세계적으로 아주 잘 알려져 있었지만 그 사이에 낀 한국의 음식은 세계인들에게 생소했다. 이것은 앞에서 언급한 것처럼 한국인들이 자신들의 문화를 낮게 평가하고 그에 따라 한식 같은 음식 문화를 세계에 알리는 일을 게을리한 결

| 다양한 종류의 김치

과가 아닐까 한다. 한국인들은 그동안 자신들의 음식을 저평가했다. 예를 들어 지금은 건강 음식으로 전 세계적으로 이름이 높은 김치를 두고 한국인들은 냄새가 고약하다는 것을 핑계로 외국에 소개하는 일을 주저했다. 김치가 풍기는 마늘 냄새 때문에 한국인들은 외국인을 만나는 날에는 김치 먹는 일을 삼갈 정도로 자신들의 음식을 지나치게 조심하면서 섭취했다. 사정이 이러했으니 한국인들은 외국인들이 김치를 먹을 것이라고는 상상하지 않았던 것 같다. 김치는 한식을 대표하는 음식 가운데 하나인데 그런 음식을 저와 같이 저평가했으니 다른 한식들에 대한 평가도 그리 좋을 수가 없었다.

| 전 세계 기내식 가운데 가장 인기 있는 음식 중 하나인 비빔밥

그러나 한국이 경제적으로 큰 성장을 이룩해 세계에서 주목받는 국가가 되자 한국 음식도 서서히 알려지기 시작했다. 한국의 물품들이 전 세계로 수출되었던 것처럼 한식도 수출되기 시작한 것이다. 한국 음식이 전 세계에 소개된 데에는 한류의 영향도 무시할 수 없을 것이다. 한국의 드라마에는 음식을 먹거나 술을 마시는 장면이 많이 나오는데 그것을 보는 외국인들은 그때 등장한 한국 음식에 대해 서서히 관심을 갖게 되었다. 한국 음식이 소개되던 초기에 인기 있던 한국 음식은 천편일률적이었다. 불고기, 갈비, 비빔밥 정도였으니 말이다. 한국 음식에는 이런 음식밖에 없는가 하는 질문이 나올 정도로 외국에 소개되는 한식은 이런 음식으로 도배되었

세계를 흥 넘치게 하라

다. 추가되어 봐야 여기에 파전이나 잡채 등이 더 올라가는 정도에
그쳤다.

　그러나 많은 사람이 한국 음식을 접하게 되자 해외의 유명 음식
전문가들도 한국 음식을 탐구하기 시작했다. 그러자 그들은 곧 한
국 음식이 다른 나라의 음식 못지않게 큰 경쟁력이 있는 음식이라
는 사실을 발견했다. 이때 앞에서 말한 것처럼 '이렇게 훌륭한 음식
인 한식이 세계에 제대로 알려지지 않은 것은 불가사의하다'라는
전문가의 이야기가 나온 것이다. 이들의 눈에 한국 음식은 어떻게
비쳤을까? 그 전에 한국인인 우리는 한식을 어떻게 이해하면 좋을
까? 한국 음식의 주인공인 한국인이 한식에 대해 올바른 이해를 갖
는 것은 세계화 시대에 필요한 일일 것이다. 한식을 해외에 제대로
알리려면 한국인들 자신이 한식에 대해 기본적인 이해를 갖고 있어
야 한다.

한식은
밥이다?

한국 음식은 여느 음식처럼 많은 특징을 갖고 있다. 그러나 한식을 간단하게 정의한다면 어떻게 묘사할 수 있을까? 한국 음식은 기본적으로 '밥을 먹기 위해 차려진 음식'이라고 할 수 있다. 한식에는 많은 음식이 나오지만 그 기본은 밥이라는 것이다. 한국인들은 한 끼 식사를 지칭할 때 '밥을 먹는다'는 표현을 많이 쓴다. 그런데 이때 말하는 밥은 좁은 의미에서 요리한 쌀을 가리키는 것이 아니라 밥과 국, 그리고 반찬 모두를 지칭하는 것이다. 즉 음식 전체를 포함하는 것이다.

그래서 한식을 한마디로 정의하면 '밥'이라고 할 수 있는 것이다. 한식은 밥이 중심에 있고 국과 반찬은 그 밥을 먹기 위해 자연스럽게 따라 나오는 방식의 음식 문화를 갖고 있다. 이런 까닭에 집에서 밥을 먹든, 식당에서 밥을 시켜서 먹든 음식(밥)을 시키면 반찬은 당연하게 나온다. 이때 반찬은 하나의 요리로 나오는 것이 아니라 밥에 종속된 음식으로 여겨

| 한식의 기본은 밥이다.

진다. 그런 까닭에 밥을 먹고 있는 한 이 반찬들은 무료로 '리필'될 수 있다. 그러나 밥은 경우가 다르다. 밥은 중심 음식이기 때문에 그것을 새로 시킬 때에는 반드시 돈을 지불해야 한다. 밥을 한 그릇 더 시키는 것은 새로운 상을 차리는 것을 의미한다고 생각하기 때문에 식당에서 돈을 따로 받는 것이다.

이 같은 음식 개념이 없는 외국인들이 한국 식당에서 벌어지는 일을 목격하면 매우 생소하게 느낄 것이다. 그들의 눈에는 반찬 한 그릇, 한 그릇이 모두 요리로 보일 테니 말이다. 심지어 우리의 눈에는 가장 기초적인 반찬으로 간주되는 김치도 그들의 눈에는 요리

로 보일 것이다. 그래서 외국에 있는 식당에서는 김치 같은 반찬도 반드시 돈을 받고 판다(주인이 한국인이면 돈을 받지 않을 수 있다). 이것은 김치는 항상 '거저로' 먹었던 한국인의 입장에서는 억울한 일로 비칠 수 있다. '아니 김치에 돈을 받다니!'라고 하면서 말이다. 그러나 외국인의 입장에서는 밥 한 공기를 돈을 받고 파는 한국인들이 이상하게 보일 것이다. 식당 주인들이 원가가 얼마 안 되는 밥은 돈을 받고 주면서 원가가 꽤 될 것 같은 여러 반찬들은 그냥 거저로 주니 말이다.

한국인의 식문화나 식습관이 다른 나라의 그것과 다르기 때문에 생기는 여러 현상들은 학술적으로 매우 재미있는 주제다. 가령 한식은 반찬이나 국(특히 찌개)을 공유하면서 먹는 겸상 문화를 지향한다면, 양식 같은 외국 음식은 철저하게 독식獨食, 즉 음식을 타인과 공유하지 않는 것은 인류학적으로 재미있는 주제라 하겠다. 그러나 이런 학술적인 주제는 음식을 먹는 현장에서는 그다지 중요하지 않다. 음식을 직접 섭취하는 현장에서는 그보다 이 음식이 얼마나 맛있으며 건강에 좋은가를 더 많이 따지기 때문이다. 따라서 여기서도 한식에 대해 이 같은 학술적인 접근은 지양하고 한식이 다른 나라의 음식과 비교해 볼 때 어떤 특징이 있고 어떤 경쟁력을 갖고 있는지에 대해 볼까 한다.

한식은 과연
어떤 경쟁력을 갖고 있을까?
한식의 특징에 대해

한식이 전 세계 시장에서 서서히 주목받기 시작한 데에는 한식만이 갖고 있는 커다란 장점이 있기 때문일 것이다. 이 장점이 바로 한식이 갖고 있는 특징이 되기도 한다.

한식이 가진 장점 가운데 가장 먼저 거론되어야 할 것은 한식에 발효 음식이 많다는 것이다. 한식은 장 문화가 매우 발달된 음식이다. 잘 알려진 것처럼 한국 음식에는 간장이나 된장이 자주 쓰인다. 한국 음식은 국soup 문화가 매우 발달되었는데, 국에는 간을 맞추기 위해 항상 장이 들어간다. 이 같은 장 가운데에는 한국에만 있는 장이 있는데 고추장이 그것이다. 고추장은 한국인 특유의 발명품이다. 한국인들이 고추를 너무 좋아한 나머지 그것을 가지고 장까지 만들어낸 것이다. 그런데 이 장들은 말할 것도 없이 대표적인 발효 식품이다. 장과 같이 한국인들이 항상 먹는 대표적인 음식은 김치다. 김치 역시 발효 과정을 거치지 않으면 나올 수 없는 음식이다. 한국인의 식탁을 보면 장과 김치가 빠지는 경우가 없으니 한국인은 발효 음식을 입에 달고 사는 셈이 된다.

발효 식품은 미래에 더 각광을 받게 될 음식이라는 주장이 있다. 그 이유는 발효 식품이 많은 장점을 갖고 있기 때문이다. 어떤 장점을 말하는 것일까? 간단하게 말해서, 발효 식품은 우리에게 좋은 영양을 제공할 뿐만 아니라 건강을 유지하는 데 많은 도움을 주는 대단히 훌륭한 식품이라는 것이다. 특히 발효 식품은 건강 유지에 큰 도움을 주는 유산균을 많이 만들어낸다. 그뿐만이 아니다. 나쁜 균이 번식하지 못하게 하고 좋은 미생물이 자랄 수 있는 환경을 만들어준다. 이 때문에 발효 식품을 먹으면 내장이 깨끗해진다.

발효 식품의 장점은 아직 다 끝나지 않았다. 발효 식품이 만들어내는 좋은 균은 우리 몸을 유지하는 데 없어서는 안 될 효소들을 많이 만들어낸다. 예를 들어 음식을 소화하려면 반드시 소화 효소가 있어야 한다. 이 효소가 없으면 소화 작용이 일어나지 않으니 효소가 얼마나 중요한 것인지 알 수 있다. 효소에는 소화 효소만 있는 것이 아니다. 이 이외에도 다양한 효소가 있는데 이 효소들은 질병

세계를 흥 넘치게 하라

예방이나 면역, 해독, 노화 방지 등 유익한 일을 많이 한다. 한마디로 말해 인간이 생명을 유지하기 위해서는 효소가 필수불가결한 요소라는 것이다. 그런데 이 효소는 발효 식품이 많이 만들어낸다고 하니 발효 식품을 항상 끼고 사는 한국인들에게는 좋은 소식이 아닐 수 없다.

식품을 발효하면 여러 가지 뛰어난 기능이 발휘되는 것을 알 수 있다. 즉 발효 식품은 오래 저장할 수 있을 뿐만 아니라 초기의 신선한 상태를 상당히 긴 기간 동안 유지할 수 있다. 이것은 김치를 생각해 보면 금세 알 수 있다. 김치를 만들기 전의 날배추는 결코 오래 저장할 수 없다. 그러나 배추에 소금과 양념을 가해서 발효를 시키면 그때에는 몇 개월씩 저장하는 것이 그리 어려운 일이 아니다. 가을에 담근 김치를 그다음 해 봄에도 먹을 수 있으니 말이다. 그런가 하면 김치는 초기의 신선한 상태를 상당히 오랫동안 유지할 수 있는 신이한 식품이다. 이것 역시 배추를 발효시켰기 때문에 가능한 것으로 채소의 초기 상태가 김치처럼 오래 지속되는 식품은 다시 찾기 어려울지 모른다. 어떻든 이런 것들이 모두 식품을 발효시켰기 때문에 가능한 것이니 발효라는 것이 얼마나 중요한 음식 공정인지 알 수 있지 않을까?

발효 식품의 마지막 장점은 소화와 관계된다. 발효 식품은 이미 소화가 진행된 음식이라 소화하기가 편하다. 일례로 한국인 가운데

| 한식의 상차림

에는 우유를 먹지 못하는 사람이 있다. 그것은 그 사람에게 우유를 분해하는 효소가 없기 때문에 생기는 일인데, 그런 사람도 우유가 발효된 요구르트는 먹을 수 있다. 요구르트에는 우유를 분해하는 효소가 생기기 때문에 이런 일이 가능한 것이다. 이처럼 발효 식품은 훌륭한 장점을 많이 갖고 있어 인기가 높은데 한식은 발효 식품의 대명사 같은 음식이라 덩달아 주목을 받는 것이다.

한식의 그다음 특징으로 간주되는 것은 한식의 내용이 건강식에 가깝다는 것이다. 전통 한식은 육류보다는 채소 위주로 되어 있고 육류를 섭취할 때에도 고기보다는 생선을 선호하는 경향이 있

세계를 흥 넘치게 하라

다. 한식의 반찬을 보면 절반 이상이 채소로 되어 있다. 김치는 말할 것도 없고 채소 반찬으로는 그 유명한 나물이 대부분의 자리를 잡고 있다. 나물은 한식만이 갖고 있는 특별한 음식으로 그 맛이나 영양이 빼어난 식품이다. 나물은 일종의 샐러드라고 할 수 있는데 그 다양함이 대단해 다채롭게 채소를 먹을 수 있는 방법으로 이름이 높다.

그런가 하면 한국인들은 고기를 먹을 때에도 항상 풍성한 채소를 같이 먹는다. 쌈 채소에 고기를 얹고 장과 마늘 같은 다른 채소를 넣어 통째로 먹는 것은 다른 나라에서는 발견하기 힘든 식습관이라 하겠다. 고기를 이렇게 먹는 것은 특히 서양의 스테이크 정식과 비교가 된다. 서양에서는 스테이크 정식을 먹을 때 거의 유일한 채소라 할 수 있는 샐러드를 식사의 앞부분에서 잠깐 먹고 더 이상 식탁에 올리지 않는다. 그리고 메인 음식인 스테이크를 먹을 때에는 채소는 거의 없고 고기만 먹는다. 한식의 입장에서 보면 이것은 건강식이라 할 수 없다. 너무나 육식에 치우쳐 있기 때문이다. 여담이지만 고기를 먹을 때 마늘과 장이 없는 것은 한국인들에게는 고문처럼 보일 수 있다.

고기 요리 이야기가 나와서 말이지만, 한국인들이 고기를 요리하는 방법은 남다른 데가 있는 것 같다. 한국의 고기 요리 가운데 가장 유명한 것은 불고기와 갈비구이인데 이런 음식이 인기 있는

| 한국식 고기 요리의 주요 특징은 고기를 양념에 재
  운다는 것이다.

것은 요리 방법이 우수하기 때문일 것이다. 이 같은 한국식 고기 요리가 갖고 있는 주요 특징은 고기를 양념에 재운다는 것이다. 고기를 요리하기 하루 전에 양념에 재워 양념이 충분히 고기 속으로 스며들어 가게 한다. 그 상태로 구우면 고기 맛이 좋게 나오지 않을 수 없을 것이다.

고기와 양념을 배합해서 요리하는 한국인들의 식습관은 또 다른 요리에서 빛을 발했는데 닭 요리가 그것이다. 닭 요리 중에 가장 인기 있는 것은 '튀김 닭'이라 할 수 있는 프라이드치킨인데 이와 함께 양념을 바른 닭 역시 많은 인기를 끌고 있다. 튀김 닭이야 다른 나라에도 있는 음식이지만, 양념치킨은 한국식 양념으로 코팅되어 있어 한국에서만 먹을 수 있는 훌륭한 음식이다. 이것은 평소에 한국인들이 장을 이용해 맛있는 양념장을 만드는 데 익숙했기 때문에 가능한 일이었을 것이다(여기에서 또 치맥이라는 새로운 음식이 생겨났다).

해외에서 인기 있는 한국 음식은 이런 것 외에도 더 많이 있는데 앞으로도 계속 늘어갈 추세다. 이런 인기 음식으로 삼겹살이나 떡볶이, 파전, 잡채 등등을 들 수 있는데 다 나열하기가 힘들 지경이다. 요즘(2020년경) 들어 큰 인기를 끄는 것은 한국의 만두다. 일본의 교자와도 다르고 중국의 딤섬과도 다른 한국 만두의 판매량이 해외에서 가파르게 치닫고 있다. CJ제일제당 비비고 만두의 2020년 해외 매출은 6,700억 원에 달한다고 한다.

그런가 하면 한국 음식 가운데 세계화에 가장 성공한 것으로 라면을 들지 않을 수 없다. 특히 농심의 '신라면'은 진즉에 세계에서 가장 맛있는 라면 가운데 하나로 선정되어 그 명성을 계속 이어가고 있다. 라면의 성공에서 우리는 한국인들이 갖고 있는 문화응

| 요즘 해외에서 큰 인기를 끄는 한국 음식은 만두다.

용력을 체감할 수 있다. 라면은 잘 알려진 것처럼 일본에서 들어온 수입 식품이다. 그런데 한국인들은 그것을 가져다 라면의 종주국인 일본 라면에 버금가는 라면을 만들어냈고, 그 결과 한국 라면은 세계 식품이 되었다(앞에서 본 것처럼 러시아에 일어난 한국 도시락 라면의 선풍은 실로 놀랄 만하다). 사실 라면의 성공은 예견될 만했다. 왜냐하면 전 세계에서 한국인이 라면을 제일 많이 먹고 있기 때문이다. 1인당 라면 소비량에서 한국인은 1위를 자랑한다. 앞에서 거론한 냄비 이론에 따르면, 한 나라의 문화가 세계적인 성공을 거두려면 우선 그 문화가 해당 국가에서 엄청난 인기를 누려야 한다. 라면도 이 법칙에서 예외가 아니었다. 라면을 가장 많이 사랑한 민족답게 새로운 라면 첨탑을 세운 것이다.

한국인은 생각하는 것보다
느끼는 것을 더 잘한다!

한국인들은 지각하고 생각하는 능력보다 감각이나 느끼는 능력이
더 많이 발달한 것처럼 보인다. 이러한 경향은 앞에서 한국의 현대
문화를 살펴보면서 충분히 알 수 있었다. 한국인들이 세계로 수출
한 문화를 보면 대체로 감각적인 것과 관계되는 것들이 많다. 대중
가요나 드라마가 그렇고 한식이 그렇다. 이런 것들은 인간의 감각
과 직결되는 일차적인 것이다. 한국인들은 이 같은 감각적인 것들
은 매우 발전시켰지만 깊고 끈질긴 사고를 필요로 하는 문학이나
인문사회과학 분야에서는 그다지 괄목할 만한 성과를 내지 못했다.

한국에는 세계적인 가수나 배우, 영화감독, 운동선수, (고전음악)

연주자가 여럿 있지만 세계적인 철학자나 사상가, 작가, 사회과학자는 보이지 않는다. 특히 인문사회과학 분야를 보면 한국 학자들은 서양, 특히 미국의 학자들이 주장한 이론을 되새김질하고 있을 뿐이라는 것을 알 수 있다. 물론 이런 분야는 짧은 시간 내에 빨리 발전할 수 있는 분야가 아니다. 인문학이나 문학 같은 분야는 그 기초가 쌓이려면 상당한 시간이 걸린다. 그런데 현대 한국은 그 시작을 1960년대로 보아야 한다. 그때가 되어서야 전쟁의 상흔을 어느 정도 극복하고 새로운 발전을 시작하게 되니 말이다. 그렇게 보면 현대 한국은 역사가 이제 60년 정도의 세월밖에 지나지 않은 것이라 할 수 있다. 그렇게 짧은 기간에 인문사회과학 같은 순수 학문이 높은 수준으로 올라가는 것은 불가능한 일이다. 그래서 이 분야에서 괄목할 만한 발전을 보기 위해서는 앞으로도 상당히 많은 세월을 기다려야 할 것이다.

한국인들이 감각적인 데에 유능하다는 것은 그들의 언어 사용법을 보면 쉽게 알 수 있다. 언어라는 것은 그것을 쓰는 사람의 사유 패턴을 알 수 있게 해주는 좋은 도구다. 따라서 언어를 분석해 보면 그 사용인들의 성향을 상당히 정확하게 파악해 낼 수 있다. 그런 생각을 갖고 한국어를 살펴보면, 한국인들은 개념어인 명사를 사용할 때에 정확하게 구분하지 않고 대강 쓰는 경향이 있다. 이것을 '머리'라는 단어를 가지고 설명해 보자. 한국인들은 놀랍게도 머리라는 단어 하나를 가지고 무려 세 가지 다른 의미로 쓰고 있다. '머리가 좋다'와 '머리가 크다'와 '머리를 잘랐다'가 그것인데, 여기서 쓰인 머리는 같은 단어지만 모두 다른 것을 지칭한다. 영어로 하면 첫 번째 것은 'brain'이고, 두 번째 것은 'head'이며, 세 번째 것은 'hair'이다. 한국인은 이 셋을 구분하지 않고 같은 단어로 쓰고 있는 것이다. 이것은 한국인들이 언어를 사용할 때 개념을 구분해서 명확하게 쓰기보다는 대강 사용하고 있다는 현실을 말해준다 하겠다. 한국인들은 언어를 구사할 때 한 번 더 생각하고 정확하게 쓰기보다는 대충 구사하고 있다는 것이다.

이에 반해 한국어에 있는 형용사나 의태어 같은 것을 보면 상황이 완전히 달라지는 것을 알 수 있다. 한국어는 형용사나 의태어 등이 놀랄 정도로 풍부하기 때문이다. 흡사 한국인들이 이 같은 부류의 단어들을 작심하고 발전시킨 것 같은 느낌을 받는다. 이 상황은 다음과 같은 예를 통해서 금세 알 수 있다. '노란'이라는 형용사를 예로 들어 보자. 영어로 '노란'은 'yellow' 하면 그걸로 끝이다. 더 이상의 표현이 별로 없다. 그런데 한국인들은 이 한 단어를 가지고 수많은 변종을 만들어냈다. '노리끼리'하다느니, '노르스름'하다느니, '샛노랗다'느니, '누렇다'느니, '싯누렇다'느니, '누리끼리'하다느니, '노리틱틱'하다느니 등등 그 변형을 다 적기 어려울 정도로 많다. 그런데 한국인들은 이 단어들의 미세한 차이를 감각적으로 안다. 그렇지만 이 차이를 정확하게 설명하는 한국인은 드물다. 그리고 이 단어들은 다른 언어, 특히 영어로는 도저히 번역할 수 없다. 그 미묘한 차이를 표현할 방법이 없기 때문이다.

이것은 의태어도 마찬가지다. 한국어처럼 의태어가 발달한 언어도 별로 없을 듯하다. 한국인들은 토끼 같은 동물이 뛰는 모습을 두고 '깡총'을 비롯해 '깡충', '겅중', '껑충' 등 매우 다양한 모습으로 표현하고 있다. 이때 한국인들은 자신들도 '깡총'과 '깡충'의 차이를 개념적으로는 설명하지 못한다. 그러나 감각으로는 이 두 단어의 차이를 '느낌적으로' 이해하고 있다. 이런 예는 얼마든지 들 수 있다. 사람이 말하는 모습을 두고 '소곤소곤, 수군수군, 조근조근, 자근자근' 등으로 표현하고 있는 것도 마찬가지다. 걷는 모습을 두고 '(엉덩이를) 씰룩(씰룩), 쌜룩(쌜룩)'이라고 표현하는 것도 그렇다. 이 단어들은 모두 외부로 보이는 모습을 감각적으로 표현하고 있는데 이것들을 개념화하는 일은 매우 어려울 것이다.

그런 까닭에 외국인들이 한국어를 배울 때 가장 어려운 것 중의 하나가 바로 이 의태어 학습이라고 한다. 이것을 예로 들어 설명해 보면, 나의 중국 제자 한 사람은 한국어를 배울 때 '차근차근'이라는 단어의 뜻을 몰라 한참을 고생했다고 실토했다. 내가 그 뜻을 알려주자 그는 중국에서는 이 단어 대신 '점진적으로'라는 단어를 쓴다고 대답했다. 여기서도 우리는 한국어와 중국어 사이에 나타나는 표현의 차이를 알 수 있다. 한국어는 감각적인 단어를 써서 상태를 묘사하고 있는 반면 중국어는 생각해야 알 수 있는 개념어를 쓰고 있기 때문이다.

한국인의 감각은
미용과 성형에서 뜻밖의 성공을!

한국인들은 이렇듯 뜻밖에도 감각적인 데에 능한 민족으로 보인다. 이 문장에서 '뜻밖'이라는 단어를 쓴 이유는, 한국인을 생각하면 보통 유교적인 권위주의에 찌든 관습적인 인간이 연상되기 쉬운데 여기서는 한국인들이 매우 감각적인 사람이라고 했기 때문이다. 누구이 밝혔듯이 한국인은 논리나 이성을 따지는 데에는 그다지 밝지 않은 반면 감각적으로는 매우 예민한 것으로 보인다. 이런 능력을 바탕으로 한국인들은 몇몇 분야에서 대단한 두각을 나타내고 있는데 최근에 또 세계적으로 주목받고 있는 분야가 몇 개 있다. 그 가운데 대표적인 것은 말할 것도 없이 K-뷰티로 명명된 한국의 화장품과 얼굴 성형술이다.

이 분야에서 한국인이 전 세계에서 수위를 달릴 것이라고 예상한 사람은 거의 없었다. 한국 화장품은 K-팝이나 K-드라마 같은 한류 덕에 인지도를 대폭 높일 수 있는 행운도 따랐다. 한국 화장품은 특히 품질과 가격 면에서 좋은 점수를 받아 전 세계 여성들의 마음을 샀다. 사실 과거에 한국 화장품은 한국 여성들에게 기피의 대상이었다. 한국 여성들이 선호했던 화장품은 주로 일본 것이었는데 당시 그들 가운데 앞으로 한국 화장품이 일본 것을 능가하리라고 생각한 사람은 거의 없었을 것이다. 앞에서 본 다른 분야처럼 한국 여성들에게 일본 화장품은 난공불락이었다. 그러던 게 지금은 한국 화장품이 일본 화장품을 밀어냈을 뿐만 아니라 더 나아가 전 세계 시장을 넘나들고 있다.

이와 관련해 항간에는 이런 이야기가 있다. 한국 여성들은 매우 까다롭기 때문에 그들에게서 합격 받은 제품은 세계 시장에서도 통한다는 것이다. 앞에서 한국인들은 감각적으로 매우 예민한 사람들이라고 했다. 이것은 화장품 분야에도 마찬가지여서 한국 화장품 회사들은 한국 여성들의 눈을 통과하기 위해 높은 수준의 질과 좋은 가격을 동시에 제공했어야만 했다. 이렇게 말은 쉽게 할 수 있지만 이 두 가지 조건을 다 충족시키는 것은 결코 쉬운 일이 아니다. 어떤 물건을 만들든 간에 이렇게만 만들면 큰 인기를 누릴 수 있는 것 아니겠는가? 그런데 한국의 화장품 회사들은 이 같은 면에서 성공을 거두었고 그 당연한 결과로 세계 시장에서도 각광을 받게 되었다. 한국인의 까다로운 감각이 또 한 번 일을 낸 것이다.

이것은 얼굴 성형 수술 분야도 마찬가지다. 사실 얼굴 성형은 얼굴의 겉면을 바꾼다는 점에서 개념적으로는 얼굴 화장과 다른 것이 아니다. 화장은 얼굴에 무엇인가를 바르는 것이고, 성형은 얼굴의 겉면을 아예 물리적으로 바꾸는 것만 다를 뿐 둘 다 겉면만을 다룬다는 점은 같다. 화장은 얼굴을 잠시 바꾸는 것이라면, 성형은 얼굴을 영구히 바꾸는 것이 다르다고나 할까. 따라서 화장술과 성형술은 같이 발전할 가능성이 큰데 그 일이 마침 한국에서 이루어졌다. 한국은 현재 성형의 메카로 불릴 정도로 전 세계적으로 세를 과시하고 있다. 특히 서울의 압구정동을 중심으로 한 강남 지역은 성형의 메카 중에서도 핵으로 간주될 정도로 그 이름이 높다.

한국인들의 드높은 감각은 인체를 수술하는 분야에서도 실력을 발휘했다. 한국인들은 쇠 젓가락을 쓰는 민족답게 손의 감각이 아주 뛰어난 민족 중의 하나라 할 수 있다. 이 능력 덕에 한국의 의사들은 수술 분야(치과도 포함)에서 전 세계적으로 인정받고 있다. 그런 의사들이었기에 얼굴이나 인체를 성형하는 기술도 단연 우위를 차지했다. 이에 대해 세세한 사례를 다루는 것보다 다음에 제시하는 한 가지 사실만 파악하면 한국 성형 기술의 국제적인 위상을 알 수 있다. 전 세계의 성형외과 의사들의 교과서라 불리는《뉴 넬리간 성형외과 교과서New Neligan's Plastic surgery textbook》에 한국의 성형외과 의사들이 주요 저자로 참여했다는 사실이 그것이다. 한국 의사들은 성형의 여러 분야 가운데 안면 미용 성형 등의 분야를 다루었는데, 이 책의 내용 가운데 이 부분이 가장 많은 조회 수를 기록하는 등 전 세계 성형외과 의사들의 많은 관심을 받고 있다고 한다. 이 책의 저자로 참여했던 최종우 교수가 '대한민국 성형외과학은 최근 전 세계 미용 및 재건 성형 분야의 발전을 이끌며 세계적으로 인정받고 있다'라고 한 것은 이러한 분위기를 잘 보여준다고 하겠다.

이상에서 본 바와 같이 한국인들은 눈에 보이는 겉모습을 꾸미는 데에는 비상한 능력을 갖고 있는 듯하다. 그런데 그 얼굴에서 몇 센티만 들어가면 있는 인간의 두뇌를 풍성하게 하는 일에 대해서는 그다지 관심을 기울이는 것 같지 않다. 미용과 성형이 물질적인 것과 직결되는 것이라면, 두뇌는 비물질적인 생각이나 가치를 대변한다. 한국인은 이 두뇌에서 벌어지는 일을 더 정교하게 하고 깊게 하는 일에는 그다지 많은 노력을 보이지 않는다. 그러나 한국인들도 조만간 비물질적인 가치의 중요함을 더 많이 자각하고 이러한 영역의 계발에도 힘을 쏟을 것이다.

미래의 한류는
K-밸류의 창출

앞에서 우리는 현대 한국인들이 다른 무엇보다도 뛰어난 감각을 갖고 있는 것처럼 보인다고 했다. 그래서 한국인들은 연예 사업이나 미를 다루는 분야에서 큰 성공을 거두고 있다. 앞으로 이런 한국인들이 자신들의 진정한 잠재력을 발휘할 수 있는 분야는 디자인이나 창작 예술 분야가 아닐까 한다. 그렇게 생각할 수 있는 이유 중의 하나는 한국인들이 갖고 있는 것으로 보이는 매우 자유분방한 기질 때문이다. 한국인들은 겉으로만 보면 유교적이어서 격식을 좋아하고 형식을 따지는 사람처럼 보이지만 그 내면에는 샤먼적인 자유로움이 꿈틀거리고 있다. 이것은 그들이 가꾼 전통 예술을 보면 그 정황을 알 수 있다.

한국의 전통 예술품들을 보면 꽉 짜인 틀이나 격식보다는 정형

| 달항아리

을 탈피하고 틀을 깨려는 자유로운 정신이 그득하다. 그 가장 비근한 예로 나는 조선의 달항아리를 들고 싶다. 이 그릇은 대칭적인 구도에서 오는 숨 막히는 구도를 깬 비정형적인 그릇으로 이름이 높다. 전 세계에 그릇을 이렇게 만드는 민족은 한국인 빼고 없을지 모른다. 어딘가 빈 듯한데 전체 모습은 충만한 것 같고 그 미의식을 표현하기가 무척 힘들다. 생각 없이 무심하게 만든 것 같지만 최고의 기예가 발휘된 것을 알 수 있다. 그래서인지 세계적인 문명 비평가인 프랑스의 기 소르망Guy Sorman은 한국의 대표 브랜드 이미지로 이 달항아리를 택하라고 한국인에게 주문했다. 이 작은 그릇에 한국적인 가치가 들어 있다는 것인데, 다음과 같은 그의 제언이 눈에 띈다. 한국인들은 더 이상 '고요한 아침의 나라'나 '다이내믹 코

리아' 같은 이미지 사이에서 오락가락하지 말고 달항아리 같은 한국인만이 만들 수 있는 기물에서 이미지를 추출하라고 일갈한 것이 그것이다. 그는 이 달항아리가 서구의 모나리자 그림에 비견될 수 있는 명품 중의 명품이라고 했으니 더 이상의 찬사가 없겠다.

그런데 한국인의 이 같은 드높은 미의식은 아직 발현되고 있지 않다. 만일 이 미의식이 발현된다면 한국인이 앞으로 세계적으로 큰 두각을 나타낼 수 있는 분야는 디자인과 창작 예술일 것이다. 그런데 이것이 가능하려면 새로운 시대정신이 나와야 한다. 한국인만이 갖고 있으면서 세계에 빛을 던져줄 수 있는 새로운 가치관이 나와야 한다는 것이다. 나는 그것을 K-밸류, 즉 K-가치라고 부르고 싶다. 이제 K-팝이나 K-뷰티 등을 넘어서는 새로운 한국적인 가치관이 나와야 한다. 한국 사상의 관점에서 전개되는 인문학적인 통찰이 나와야 한다는 것이다.

한국인들은 새로운 가치관을 만들어낼 수 있는 자산을 많이 갖고 있다. 이 자산들은 아직은 묻혀 있으며 발현되기만 기다리고 있다. 예를 들어 선비 정신이라 통칭할 수 있는 성리학적인 바름과 곧음이 있고, 불교의 친자연적인 세계관이 있다. 그런가 하면 동학(천도교)은 인간을 한울님으로서 서로 극진하게 모시는 드높은 휴머니즘을 갖고 있다. 증산에게서는 맺혀 있는 원한을 풀고 상생하자는 타인 배려 정신을 배울 수 있다. 그런가 하면 소태산은 세상 모든 것을 긍정적으로 생각하는 원융무애圓融無礙 정신을 가르쳤다. 마지막으로 샤머니즘이 핵심으로 되어 있는 한국의 민간 신앙에서는 자연을 친밀하게 대하는 다정함이나 깊은 인정, 혹은 착함을 발견할 수 있다. 한국인은 이런 전통적인 가치관을 통합해서 현재 인류가 당면하고 있는 전 지구적인 위기를 돌파할 수 있는 K-밸류를 창출할 수 있을 것이다. 이 작업에 성공한다면 한국인들은 인류에게 새로운 미의식은 물론이고 새로운 인간관과 자연관을 제시할 수 있을 것이다.

한국인들이 갖고 있는 문화적이고 정신적인 잠재력은 자신들이 생각하는 것보다 훨씬 더 크다. 요즈음에 한류가 크게 성공을 거두었지만 그것은 마중물에 불과할 수 있다. 한류라는 현상은 세계의 어느 누구도 눈치채지 못했던 한국인의 문화적인 저력을 확인해 준 것일 뿐이다. 이것은 빙산의 일각일 수 있는데, 앞으로 한국인들은 한류를 바탕으로 삼아 빙산의 본체라 할 수 있는 새로운 정신문화를 만들어내야 한다. 한국인에게는 그 같은 잠재력이 있다. 한 걸음 더 나아가 한국인은 그런 일을 해야 할 소명을 지닌 민족일 수도 있다는 생각이 든다. 한류라는 현상이 어느 누구도 예상하지 못한 상태에서 돌출했듯이, 새로운 가치관을 알리는 미래의 한류도 아직까지 어느 누구도 생각하지 못한 형태로 가시화될 수 있겠다는 생각이다. 이것의 성사 여부는 전적으로 한국인들에게 달려 있다.

다음 세대에 전하고 싶은 한 가지는 무엇입니까?

다음 세대를 생각하는 인문교양 시리즈 **아우름**

아우름 시리즈는 계속 출간됩니다.

아우름 48

세계를
흥 넘치게 하라

1판 1쇄 인쇄 2021년 2월 17일
1판 1쇄 발행 2021년 2월 24일

지은이 최준식
펴낸이 김성구

주간 이동은
책임편집 고혁
콘텐츠본부 현미나 송은하 김초록
디자인 이영민
제 작 신태섭
마케팅본부 최윤호 나길훈 이서윤
관 리 노신영

펴낸곳 (주)샘터사
등 록 2001년 10월 15일 제1-2923호
주 소 서울시 종로구 창경궁로35길 26 2층 (03076)
전 화 02-763-8965(콘텐츠본부) 02-763-8966(마케팅본부)
팩 스 02-3672-1873 **이메일** book@isamtoh.com **홈페이지** www.isamtoh.com

ISBN 978-89-464-2176-9 04080
ISBN 978-89-464-1885-1 04080(세트)

값은 뒤표지에 있습니다.
잘못 만들어진 책은 구입처에서 교환해 드립니다.